L'ENFANT AU CERVEAU BLESSE

AF136721

PSYCHOLOGIE ET SCIENCES HUMAINES

FRANCINE ROBAYE-GEELEN

Professeur à l'Université de Bruxelles

l'enfant
au cerveau
blessé

Approche psychologique et pédagogique du jeune infirme moteur d'origine cérébrale

(2e édition)

DESSART ET MARDAGA, EDITEURS

2, GALERIE DES PRINCES, BRUXELLES

© Charles Dessart et Pierre Mardaga, Bruxelles
D-1975-0024-8

Il y a quinze ans environ, on nous signala qu'un institut pour enfants handicapés, récemment installé à Bruxelles, désirait s'adjoindre les services d'un conseiller psychologique. Cet établissement était destiné à recevoir des enfants paralysés cérébraux et nous nous réjouissons aujourd'hui de l'inconscience qui nous fit accepter d'assumer cette tâche alors que nous ignorions tout de ce qu'étaient ces enfants.

Lors de notre premier contact, nous eûmes l'impression de pénétrer dans une nouvelle cour des miracles. Dans un grand hangar aux murs chaulés et dans la cour voisine se trouvaient quelques dizaines d'enfants. Certains, harnachés d'appareils orthopédiques, déambulaient tant bien que mal; quelques-uns jouaient par terre, à quatre pattes, d'autres faisaient des exercices de kinésithérapie dans un désordre et une agitation qui n'étaient qu'apparents.

Ce qui était réel, c'était le climat tonique qui émanait de l'endroit. Les adultes et les enfants étaient de bonne humeur et ils entretenaient entre eux des relations dont la tonalité, faite de gentillesse et de fermeté d'une part, de confiance de l'autre, nous paraissait assez inhabituelle.

Depuis lors, nous sommes allée de découverte en découverte et si nous n'avons peut-être pas donné beaucoup de conseils, nous avons par contre beaucoup appris.

A l'époque dont nous parlons, une poignée de pionniers défendaient la thèse selon laquelle les enfants paralysés cérébraux constituaient un groupe bien particulier de handicapés qui devaient recevoir des traitements spécialement conçus pour eux. Une nouvelle conception de la rééducation pénétrait doucement dans les esprits et on commençait à admettre qu'apprendre à marcher ou à se servir de ses mains ne constituait pas un objectif suffisant. Il fallait viser à une éducation totale de l'enfant infirme, essayer d'en faire un adulte aussi indépendant que possible et bien intégré dans la société.

Tout était à faire pour élaborer une méthodologie de la rééducation totale à partir d'hypothèses scientifiques bien fondées; l'empirisme le plus total régnait par nécessité ou parfois par goût, et les partisans et détracteurs farouches de l'une ou l'autre chapelle s'entre-déchiraient à belles dents.

Cette époque héroïque est révolue. Le Centre a grandi; il a connu d'inévitables crises de croissance; le personnel a ajouté la qualification à la bonne volonté et à l'enthousiasme; des ergothérapeutes, des logopèdes, des psychologues, des institutrices initiées au travail avec des enfants handicapés, se sont jointes à l'équipe. Les informations de chacun se sont multipliées, au contact des enfants d'abord, ensuite grâce aux rencontres avec des visiteurs étrangers et enfin à l'occasion des visites faites à l'étranger. Ces dernières ont eu pour nous un double avantage : celui d'enrichir nos connaissances et celui de nous rassurer quant à la qualité du travail effectué, car nous avons toujours pu constater que s'il restait beaucoup à faire, il n'y avait pas lieu de rougir de ce qui était déjà réalisé.

A partir de 1962, nous avons intéressé quelques étudiants en psychologie aux problèmes posés par les enfants paralysés cérébraux et certains travaux exploratoires ont été menés à bien.

En 1963, nous avons eu la chance d'obtenir des crédits du Fonds de la Recherche Scientifique Médicale et ensuite du Fonds de la Recherche Collective Fondamentale. Grâce à eux, nous avons pu étudier d'une façon beaucoup plus rigoureuse et systématique certains problèmes psychologiques et pédagogiques de la paralysie cérébrale. Par ailleurs des crédits alloués par le Fonds National de la Recherche Scientifique nous ont permis de concevoir et de construire des appareils susceptibles de faciliter et d'améliorer le travail scolaire des paralysés cérébraux intelligents.

En 1968, le moment nous paraissait venu de faire le point. Nous n'avions certes pas le sentiment que nos connaissances sur la paralysie cérébrale étaient exhaustives, mais jamais un ouvrage ne paraîtrait s'il devait adopter ce critère. « L'enfant au cerveau blessé » ne voulait pas être un traité savant mais le reflet de nos expériences, de nos réflexions, de nos recherches et parfois de nos rêveries.

Nous espérions que ce livre susciterait des réactions en sens divers et des controverses, qu'il serait un ferment pour de nouvelles recherches; nous espérions surtout qu'il inciterait à agir en faveur d'enfants et d'adolescents qui nous avaient véritablement intrigués, fascinés et émus par le courage avec lequel ils affrontent leurs difficultés à vivre parmi nous.

Nous prévoyions aussi qu'au bout de quelques années (le temps d'épuiser la première édition) l'ouvrage serait dépassé et très sincèrement nous le souhaitions car c'eut été un signe révélateur des progrès réalisés dans l'approche des problèmes posés par les paralysés cérébraux.

Les recherches bibliographiques que nous avons entreprises en vue d'une 2e édition de notre ouvrage ont détruit ces prévisions. Non pas que les travaux de qualité soient inexistants ni même rares, mais nous avons trouvé bien peu de recherches dans le domaine psychopédagogique, encore moins d'études longitudinales et une absence totale de travaux de synthèse. En d'autres termes, aujourd'hui comme il y a cinq ans, nous nous trouvons devant un immense point d'interrogation en ce qui concerne les voies par lesquelles nous pourrions aborder l'éducation des jeunes IMC avec un maximum de chances de la réussir; et corrélativement, nous sommes toujours aussi ignorants quant au devenir de ces enfants, de ces adolescents auxquels tant de personnes compétentes consacrent tant d'efforts, tant de temps et tant d'amour.

Par ailleurs, nous avons relevé un autre phénomène, si on prend comme critère le nombre d'articles publiés sur le sujet; nous faisons allusion au développement du concept de « lésion cérébrale a minima » ou de « troubles ou dysfonctionnements neuro-moteurs a minima ». Nous avons pensé que vu l'ampleur sociale de ce phénomène, vu les répercussions qu'il a dans beaucoup de familles et dans les milieux de l'enseignement nous ne pouvions le passer sous silence.

Par conséquent, nous avons écrit un neuvième chapitre consacré à cette catégorie d'enfants dont nous devons lucidement et sérieusement nous demander s'il est souhaitable et légitime de les apparenter, ne fusse qu'au niveau du langage, avec les enfants au cerveau réellement blessé, enfants dont il est question dans les huit premiers chapitres du livre.

REFERENCES DE BASE

W. M. CRUICKSHANK (ed.), *Cerebral Palsy : Its Individual and Community problems.* Edition revisée 1966. (Syracuse University Press.)

E. DENHOFF et I. ROBINAULT, *Cerebral Palsy and Related Disorders — A Developmental Approach to Dysfunction.* (New York : McGraw-Hill, 1960.)

R. S. ILLINGWORTH (ed.), *Recent Advances in Cerebral Palsy,* (Boston : Little, Brown and Co., 1958.)

A. STRAUSS et L. LEHTINEN, *Psychopathology and Education of the Brain-Injured Child.* (New York : Grune and Stratton : 1947.)

E. TAYLOR, *Psychological Appraisal of Children with Cerebral Defects.* (Cambridge : Harvard University Press, 1961.)

CHAPITRE I

QU'EST-CE QU'UN ENFANT IMC ?

Le lecteur peut trouver curieux que nous ayions parlé de « paralysie cérébrale » dans l'avant-propos de ce livre alors que dans le titre et en tête de ce chapitre nous utilisons la dénomination « Infirmité Motrice d'origine Cérébrale ».

Voici pourquoi nous avons procédé à cette modification. L'expression « paralysie cérébrale » est la traduction approximative de « cerebral palsy » que l'on trouve dans les ouvrages en langue anglaise. C'est elle qu'on a adoptée quand on a commencé à s'intéresser aux troubles moteurs d'origine cérébrale acquis au début de la vie [1, 2, 3]. Cependant, le choix des termes se révèle peu heureux en français; au niveau du langage, la confusion se fait facilement entre la paralysie cérébrale, la paralysie infantile et même la paralysie générale; d'autre part, tous les infirmes moteurs d'origine cérébrale ne sont pas des paralysés, il s'en faut de beaucoup. Parler de l'Infirmité Motrice d'origine Cérébrale (en abrégé IMC) est à la fois plus explicite, plus exact et moins susceptible de donner lieu à de fâcheux malentendus. Ce sigle a été adopté en France en premier lieu et son usage se répand de plus en plus aux dépens de l'expression historiquement antérieure de « paralysie cérébrale ».

Par ailleurs, une véritable bataille linguistique s'est engagée ces dernières années, surtout aux Etats-Unis, autour des innombrables termes forgés, de-ci de-là, pour désigner les enfants qui sont présumés atteints de lésions cérébrales. C'est ainsi qu'on rencontre souvent les termes de « brain-injured » et de « brain-damaged » [4, 5]. Ils couvrent un concept plus large puisque les blessures et lésions de la matière cérébrale entraînent des troubles divers et pas seulement, ni nécessairement, des troubles moteurs. Tous les IMC sont des lésés cérébraux mais la réciproque n'est pas vraie et les IMC forment un groupe bien distinct dans la mesure où nous sommes convaincues du rôle privilégié que joue la motricité en regard du développement psychique, intellectuel et émotionnel de l'être humain. Mais nous savons aussi que le psychisme des IMC est très différent de celui des autres infirmes moteurs car les troubles moteurs ne sont qu'un des éléments d'un ensemble comportemental beaucoup plus vaste qui englobe des troubles perceptifs, des troubles du langage, des troubles de la conscience, des troubles du fonctionnement intellectuel, etc. Ces troubles divers n'existent pas indépendamment les uns des autres; des interactions se produisent et on peut en fin de compte se demander de quelle manière et dans quelle mesure les troubles moteurs des IMC modifient le syndrome comportemental cérébral qu'ils présentent par ailleurs.

Nous dirons que le tableau qu'offre l'IMC au terme de sa croissance est celui de quelqu'un qui a dû, dès le début de sa vie, se débrouiller avec une organisation nerveuse centrale défectueuse sur certains points et une motricité plus ou moins gravement déficiente.

Nous appellerons IMC celui qui a été atteint avant, pendant ou peu de temps après sa naissance, d'une anomalie non évolutive et non curable des tissus cérébraux, se manifestant entre autres par des troubles moteurs. L'infirmité motrice d'origine cérébrale est donc un état pathologique et non une maladie.

LES IMC SE RESSEMBLENT-ILS ?

Avant de répondre à cette question, nous allons présenter quelques jeunes IMC que nous connaissons depuis plusieurs années.

1. Suzanne D., née en 1951.

Diagnostic : quadriplégie athétosique; paralysie faciale droite; légers troubles cérébelleux.
Informations relatives à la période périnatale : accouchement par le siège; travail long et pénible; réanimation.
Admission au Centre de rééducation : 1955.
L'enfant a été admise comme interne à l'âge de 4 ans parce que la famille habitait dans une région où il n'existait pas d'établissement susceptible de la recevoir. Elle vit depuis 13 ans au Centre. Malgré ces circonstances théoriquement défavorables, S. est peut-être l'IMC dont l'évolution a été la plus proche de la normale parmi ceux que nous avons connus et les liens familiaux se sont maintenus malgré l'éloignement.
A l'admission, S. présente une grave incoordination des mouvements et marche avec des béquilles. Le langage est évolué. Elle fait des phrases, mais la prononciation est difficile. L'examen psychologique révèle une enfant supérieurement intelligente (Q.I. = 110 au Terman Merrill (forme L). La compréhension est rapide et l'exécution quasi immédiate. On note une certaine fatigabilité.

Caractériellement, elle se signale par un désir excessif de valorisation qui a comme conséquence de développer à la fois des comportements de surestimation de soi et de découragement devant l'échec; vis-à-vis des autres, elle manifeste un besoin de domination qui peut aller facilement jusqu'à la tyrannie.

Toute l'évolution de S. sera marquée par son intelligence supérieure, la conscience aiguë qu'elle a de son handicap et un tempérament sérieusement cyclique qu'elle a sans doute hérité de sa mère.

Son intelligence, l'absence de troubles associés, une excellente mémoire lui permettent de terminer l'école primaire au même âge qu'une enfant valide.

Elle est très sociable; par son caractère autoritaire, par sa vivacité et son intelligence, elle exerce une telle emprise sur les enfants, même plus âgés, que ceux-ci lui obéissent au doigt et à l'œil. Son humeur devient de plus en plus variable en grandissant; elle traverse des périodes de tristesse pendant lesquelles elle est irritable et souvent distraite.

A l'approche de l'adolescence, le rendement scolaire diminue de manière sensible, bien que les résultats aux tests soient toujours de qualité supérieure. Elle oscille entre le comportement d'une enfant gâtée et celui d'une grande fille indépendante. Elle donne des ordres à ses camarades d'une manière brusque, peu aimable, s'en repent, s'excuse, mais n'hésite pas à recommencer. Elle se réfugie dans les rêves.

Elle commence les études secondaires. Les tests montrent que S. maintient un Q.I. nettement supérieur à la moyenne et utilise bien ses capacités. Elle a beaucoup de bon sens et d'esprit critique. Le raisonnement est logique et rapide, la compréhension excellente. Les possibilités d'abstraction restent dans une bonne moyenne. Les difficultés d'expression verbale diminuent et le vocabulaire s'étend.

Au point de vue affectif, S. a gagné en stabilité. Elle a de très bons contacts avec le monde extérieur et participe avec enthousiasme à toutes les activités. On peut espérer à ce moment qu'elle a atteint un bon équilibre, mais cet état ne dure pas.

Un an plus tard, elle commence à réaliser pleinement l'ampleur de son handicap et les transformations physiques qui se sont produites au long des années : les caractéristiques athétosiques se sont hélas amplifiées avec le temps, malgré tous les efforts et S. ne ressemble plus à la très jolie petite fille qu'elle était à 4 ans.

Elle s'isole, refuse de prendre des contacts avec le monde extérieur au Centre et néglige sa toilette, alors qu'elle a été très coquette jusqu'alors. A cette nouvelle crise viennent s'ajouter des difficultés d'ordre familial. La jeune fille est soutenue pour franchir ce cap difficile.

A 16 ans, on constate une légère amélioration dans l'équilibre affectif; elle est moins tendue, plus accessible, moins farouche avec les nouveaux venus, moins susceptible. Un rien la fait encore perdre pied mais les raisons d'être optimiste pour l'avenir sont nombreuses.

2. Jacques L., né en 1953.

Diagnostic : Hémiplégie spastique droite.
Période périnatale : rien de spécial n'a été signalé. Les parents ont remarqué au bout de quelques mois que l'enfant n'utilisait qu'un bras et une main.
Admission au Centre : 1960 (externe).

Jacques obtient un Q.I. de 90, son attention est très fluctuante et sa réactivité excessive.

Un an plus tard, le Q.I. atteint 113. Les capacités mnésiques sont normales, l'attention n'est toujours pas très soutenue. Jacques est bien adapté socialement, affectueux, gai; il a des accès d'excitation qui sont difficiles à calmer. Son langage est parfois assez vert.

C'est un enfant qui a très vite bénéficié du placement au Centre, sans doute par un effet de contraste après une vie en famille peu gratifiante sur le plan de l'affection et de la sécurité. Les carences du milieu familial s'aggravant, Jacques est placé en internat. Peu après, il devient très turbulent, son esprit critique s'affaiblit, le contact avec la réalité est moins bon. On croit que le placement en internat a été mal interprété et mal accepté. Il est pris en tutelle psychologique et son état s'améliore progressivement.

Au point de vue intellectuel, le rendement est au moins moyen et souvent supérieur. Jacques a acquis les connaissances scolaires de son âge; la compréhension est rapide mais reste un peu superficielle. Les capacités mnésiques se situent également à un très haut niveau. On constate que lorsqu'il est encouragé et soutenu, il surmonte assez facilement les difficultés, mais seul, il a tendance à abandonner rapidement son effort. Il est encore impulsif, mais commence à obtenir un meilleur contrôle de lui-même. Sa présentation, ses intérêts, ses goûts, ses activités, sont ceux d'un garçon valide du même âge.

Aujourd'hui, Jacques a abordé les études secondaires. Il entre dans la période de l'adolescence, avec tous les problèmes que cela laisse prévoir, d'autant plus que le climat familial ne s'est pas amélioré avec le temps.

3. Daniel W., né en 1952.

Diagnostic : Athétose - surdité - paralysie du regard vers le haut.
Période périnatale : naissance prématurée à 8 mois - mère Rh -, ictère nucléaire - pas d'exsanguino-transfusion.
Admission au Centre : 1959.

A ce moment, l'examen psychologique systématique est impossible par suite de la gravité des handicaps.

L'enfant semble avoir beaucoup de possibilités, mais celles-ci sont en grande partie inexploitées. Son comportement est celui d'un enfant éveillé, intéressé par tout ce qui l'entoure et bien adapté aux divers épisodes de la vie quotidienne. L'attention est très diffuse, mais peut être captée.

On demande à toute l'équipe de combattre l'isolement de Daniel et de favoriser son intégration dans un groupe par tous les moyens.

Petit à petit, l'impression que Daniel est intelligent se confirme, bien qu'on ne puisse toujours pas le tester. C'est un enfant aux réactions vives, qui peut cependant se concentrer. Sa compréhension des situations est très rapide, et grâce à beaucoup de bonne volonté, il réussit un certain nombre d'apprentissage. Son caractère est gai, bien que légèrement capricieux et surtout malicieux. Il manifeste une agressivité bien orientée; il ne présente pas de problèmes affectifs particuliers.

On se rend compte progressivement que l'absence de langage chez Daniel n'est pas due exclusivement à la surdité. En classe, il ne fait que des progrès minimes, qui contrastent avec sa vivacité d'esprit habituelle. La pose d'un appareil acoustique ne l'aide pas; au contraire, les stimuli auditifs semblent le perturber. On estime qu'il souffre de troubles aphasiques, et à partir de ce moment, on lui applique une méthode d'enseignement conçue spécialement pour ce genre d'enfants. Il fait des progrès, mais sa grande instabilité constitue une entrave pour le travail scolaire.

Il est pourtant très collaborant et aime travailler. Il fait de gros efforts pour se faire comprendre, utilise bien son acquis et paraît avide d'apprendre. Comme on pouvait s'y attendre, il éprouve de grandes difficultés lorsqu'il s'agit d'aborder des notions abstraites.

Du point de vue comportement et sociabilité, rien de particulier à signaler. Il s'est fait des amis au Centre et s'amuse beaucoup.

Malgré sa vivacité d'esprit et une intelligence normale, il est exclu que Daniel fasse des études prolongées. On l'oriente vers des activités où son agilité peut s'employer tout en essayant d'atténuer son instabilité.

4. Louise M., née en 1951.

Diagnostic : Hémiplégie spastique gauche - Epilepsie.
Période périnatale : Prématurée - 7 mois - 1 kg 200 - Mère âgée de 49 ans.
Admission au Centre à 9 ans.

Louise est une vraie débile mentale. Son quotient intellectuel évalué à plusieurs reprises se situe toujours aux environs de 65. Au début de l'école primaire, elle a néanmoins obtenu des résultats honorables, dus à une application exemplaire. Mais dès que les notions enseignées sont devenues abstraites, elle n'a plus fait de progrès. Elle n'a jamais pu franchir le cap de la deuxième année. Ses capacités mnésiques sont relativement bonnes.

Au point de vue affectif, c'est une enfant sans problèmes : elle se plaît au Centre, elle est bien intégrée et acceptée par tous, même par les enfants plus intelligents qu'elle. Elle est docile mais si on la gronde, elle prend un air grognon et boude un long moment.

Comme Louise ne présente pas de troubles caractériels et qu'elle est pleine de bonne volonté, elle acquiert de nombreuses connaissances dans le domaine de la vie courante et améliore son habileté. A condition d'être bien orientée, elle pourra certainement apprendre un métier simple et l'exécuter d'une manière satisfaisante.

A 16 ans, Louise est une jeune fille qui rend volontiers de nombreux services au Centre, plus particulièrement en s'occupant des très jeunes handicapés. Elle se comporte alors avec beaucoup de bon sens et une compétence supérieure à ce que son niveau intellectuel laisserait prévoir.

5. Nadine A., née en 1955.

Nadine s'est développée tout à fait normalement jusqu'à 4 ans, puis elle est victime d'un très grave accident de la circulation et reste dans le coma pendant trois semaines.
Diagnostic : Quadriplégie spastique en flexion - Aphasie motrice.
EEG : souffrance des noyaux gris basaux (1959);
Ondes lentes dans les régions frontales et temporales (1962);
Atrophie corticale et dilatation ventriculaire bilatérale considérable (1963).
Admission au Centre : 1961.

Le quotient intellectuel est évalué à 70; Nadine est passive et amorphe. Au bout de quelques mois de séjour au Centre, on note des progrès au niveau du comportement, mais les performances intellectuelles restent fort déficientes. Le quotient intellectuel se fixe aux environs de 80 et s'y maintient.

L'enfant est pleine de bonne volonté, son attention est bonne, elle participe mieux aux activités proposées, le langage devient peu à peu compréhensible. Elle reste fort handicapée par l'aphasie motrice et la persévération qui s'aggrave. La pensée est désorganisée; Nadine ne distingue pas l'essentiel du détail, elle n'arrive pas à structurer l'espace. L'occupation actuelle seule compte et les motivations sont toujours liées à des satisfactions immédiates, comme par exemple le manger.

A 12 ans, on entraîne Nadine aux travaux de cuisine et de couture, on l'introduit à l'atelier. Au point de vue scolaire, les progrès sont pauvres; certains apprentissages restent possibles mais très lents.

On peut difficilement faire des pronostics quant à l'évolution future de Nadine, mais dans l'ensemble, elle nous paraît sombre.

6. *Nanette A., née en 1956.*

Diagnostic : Ataxie cérébelleuse.

Période périnatale : le premier cri aurait eu lieu 10 h. après l'accouchement. Oxygénation pendant 5 jours.

Admission au Centre : 1963.

L'enfant arrive au Centre après avoir passé un an dans une école, en première année, sans faire le moindre progrès ni en lecture, ni en calcul.

Au Terman-Merill forme L, elle obtient un Q.I. de 86. L'attention est bonne, mais Nanette est très vite fatiguée.

La compréhension, la mémoire, le vocabulaire se situent au niveau de 7 ans - 7 ans 1/2.

Les troubles moteurs consistent en tremblements incoercibles au niveau des mains lors des mouvements volontaires. D'autre part, on note des difficultés à coordonner les yeux et les mains, de même que les membres inférieurs lors d'une marche rapide. L'équilibre est très précaire. Nanette tombe souvent.

Les troubles du langage sont minimes. L'articulation manque un peu de clarté. Nanette semble avoir d'importants troubles perceptifs.

C'est une enfant très douce - souriante - qui manque de dynamisme et d'imagination. Elle est collaborante et appliquée. Sa timidité devant les adultes est prononcée.

Nanette est depuis 5 ans au Centre, sans que rien de saillant se soit produit. Le Q.I. a légèrement augmenté (93). Les résultats scolaires sont modestes mais Nanette fait de très gros efforts pour réussir. Elle suit le programme de 4e année pour le calcul et de 5e année pour le français. On l'initie aux travaux ménagers pour lesquels elle manifeste un goût prononcé. Elle aime que l'on s'occupe d'elle et a besoin de beaucoup d'affection. Sinon, elle ne pose pas de problème d'adaptation.

Comme on peut le constater, les tableaux offerts par les jeunes IMC sont très variés.

Essayons d'y mettre un peu d'ordre.

DIVERSITE DES SYMPTOMES

On peut distinguer plusieurs types parmi les troubles moteurs : la spasticité, l'athétose, l'ataxie, la rigidité et le tremblement sont les plus souvent cités [6].

Dans la spasticité, les muscles atteints sont raides, hyper-irritables, hypertoniques, hypercontractiles; ils répondent à la moindre excitation. L'individu normal qui entreprend un mouvement relâche divers groupes musculaires pendant que d'autres se contractent. Le spastique est incapable, du fait d'un manque de contrôle inhibiteur au niveau du cortex, de mettre en action un relâchement et une contraction réciproques des muscles. Lorsqu'un mouvement est ébauché, les muscles qui devraient se relâcher n'y parviennent pas, ce qui fait que le mouvement s'arrête à mi-chemin ou est paralysé. Les muscles atteints sont en état de spasme, ce qui provoque à la longue une déformation du membre.

L'image caractéristique de l'athétosique est celle d'un individu agité de mouvements spasmodiques involontaires, incontrôlés et incoordonnés. Cette agitation apparaît au niveau des membres inférieurs et supérieurs, de la tête, de la face, de la langue, des muscles impliqués dans la phonation, dans la respiration, etc. Quand un enfant athétosique entreprend un mouvement, non seulement un groupe musculaire bien précis obéit à la commande du cerveau, mais de plus il se déclenche une série de contractions, de mouvements parasites, qui viennent perturber l'effort primitif, rendant ainsi l'action maladroite et difficile. Ces enfants font souvent des grimaces, bavent, présentent des troubles de la parole et de grosses difficultés de manipulation. Un certain nombre d'entre eux sont partiellement sourds (ceux qui ont souffert d'ictère nucléaire à la naissance (cfr p. 34).

L'ataxie est une forme beaucoup moins fréquente d'infirmité motrice d'origine cérébrale. Elle est caractérisée par une perturbation de l'équilibre, de la directionnalité du mouvement et par l'impossibilité de coordonner convenablement les mouvements pour qu'ils répondent au but assigné par la volonté. L'ataxique ne sait pas où il se situe dans l'espace, il ne sait pas comment placer ses membres pour assurer l'équilibre nécessaire à sa marche.

La rigidité se définit comme une résistance en « tuyau de plomb » lorsqu'on fait exécuter des mouvements passifs; une hypotonie musculaire touche à la fois des muscles agonistes et antagonistes; il n'y a pas de mouvements involontaires.

Le tremblement, comme son nom l'indique, se caractérise par des mouvements involontaires qui peuvent être constants ou n'apparaître qu'au moment où l'IMC exécute des mouvements volontaires.

Il est bien entendu qu'on trouve de très nombreux cas mixtes, en particulier des combinaisons d'athétose et de spasticité. Le tremblement peut également se manifester concurremment à l'une ou l'autre forme déjà citée.

GRAVITE ET ETENDUE DES TROUBLES MOTEURS

Les IMC se distinguent par la gravité variable de l'atteinte motrice, quel que soit par ailleurs le type de celle-ci. Certaines atteintes sont tellement discrètes qu'elles passent inaperçues pendant plusieurs années et ne sont éventuellement détectées qu'au début de la période scolaire et d'autres sont tellement dramatiques, tellement généralisées, que toute activité intentionnelle devient impossible.

La diffusion de l'atteinte doit également être prise en considération. Dans certains cas le système moteur est pratiquement touché dans sa totalité; dans d'autres cas on observe une atteinte spécifique des membres supérieurs, des membres inférieurs, ou bien des quatre membres (di- ou quadriplégie). Il se peut aussi que ce soit le côté gauche ou le côté droit du corps qui soit atteint sélectivement (hémiplégie). Les muscles du cou sont ou non impliqués et il ne faut pas oublier qu'un enfant qui ne peut contrôler la position de sa tête va éprouver des difficultés énormes dans n'importe quelle activité (par exemple la lecture). De même, les atteintes des membres supérieurs sont plus handicapantes au point de vue éducatif que celle des membres inférieurs, bien que généralement les parents attachent une importance prioritaire à la récupération de la marche.

VARIABILITE DES TROUBLES AUTRES QUE MOTEURS

A côté des différents types d'atteinte, de leur gravité variable et de leur localisation, entrent en ligne de compte des troubles qui sont généralement associés dans le tableau de l'IMC.

A cause du caractère le plus souvent diffus des lésions cérébrales, on peut dire qu'il est rare qu'un enfant IMC présente exclusivement des troubles moteurs; à notre avis, ce n'est même jamais le cas.

Parmi les troubles associés qui doivent être pris en considération dans une perspective éducative, nous devons envisager :

Les déficits intellectuels globaux

Le fonctionnement intellectuel global de l'IMC peut varier entre la débilité mentale profonde, avec inéducabilité quasi totale jusqu'à l'intelligence supérieure et brillante.

Si l'on tient compte des nombreuses études qui ont été faites au sujet des capacités intellectuelles des IMC, si l'on ne perd pas de vue qu'on confond facilement dysfonctionnement spécifique et déficit global quand on utilise des tests de niveau intellectuel, on peut admettre d'après Cardwell [7] la répartition des niveaux intellectuels que nous présentons ci-dessous :

- Débiles mentaux (Q. I. inférieur à 70) : 45 %.
- Cas limites (Q. I. compris entre 70 et 89) : 23 %.
- Intelligence moyenne ou légèrement supérieure (Q. I. compris entre 90 et 119) : 26 %.
- Intelligence supérieure (Q. I. de plus de 120) : 6 %.

En conclusion, environ 45 % des IMC devraient être considérés comme d'authentiques débiles mentaux alors que le pourcentage dans la population normale est de 2 à 3 %. L'accord entre les chercheurs à ce sujet est assez élevé, quels que soient les échantillons de population qu'ils ont étudiés (âge, distribution géographique, type de test d'intelligence utilisé, méthode de recrutement des enfants qui ont participé à l'étude).

Par contre, lorsqu'on a essayé d'établir des distinctions entre les sous-groupes de spastiques, d'athétosiques, d'ataxiques et de rigides, il y a eu de très nettes divergences; bien qu'il règne une opinion assez répandue selon laquelle les spastiques seraient plus fréquemment débiles que les athétosiques, les données objectives recueillies à ce propos ne sont pas convaincantes. Nous aurons l'occasion de revenir sur ce sujet plus tard, mais nous pouvons dès à présent dire que nos travaux personnels vont dans le même sens, c'est-à-dire que nous n'avons pas trouvé un rendement inférieur aux tests d'intelligence chez les spastiques. Nous pensons plutôt que leur apparente infériorité peut s'expliquer par une fréquence plus grande de certains troubles spécifiques et de certaines dispositions caractérielles.

Nous attirons aussi l'attention sur le statut particulièrement inconfortable de l'enfant IMC d'intelligence normale ou supérieure. Si on n'y prend garde, ses capacités intellectuelles risquent fort de rester inexploitées, car dans beaucoup d'endroits l'accent est encore mis avant tout sur la rééducation motrice, alors que pour ces enfants, il est au moins aussi important de se cultiver que d'apprendre à marcher.

D'autre part, il ne faut pas perdre de vue que le rendement intellectuel des IMC intelligents peut être réduit à cause de la présence de certains troubles dont nous allons parler plus loin. Si on ne leur procure pas un traitement pédagogique adapté, ces enfants ne réussissent pas à actualiser leurs potentialités dans un environnement scolaire traditionnel.

Les troubles dans la réception des informations

On trouve bien entendu chez les enfants IMC des troubles au niveau des organes sensoriels, qui sont en réalité des troubles moteurs. C'est ainsi que de très nombreux enfants IMC sont atteints de strabisme ou de parésie du regard. Mais d'autres défauts que l'on rencontre chez les enfants valides sont signalés avec une fréquence nettement plus élevée chez les IMC.

En ce qui concerne l'œil [10, 11, 12], nous mentionnerons les atrophies optiques, la cataracte congénitale, les troubles de la réfraction, la myopie et l'astigmatisme. On évalue à 25 % les enfants IMC chez qui les troubles oculaires ont entraîné une vision infra-normale. Il semblerait que les enfants spastiques présentent environ deux fois plus de troubles oculaires que les athétosiques. Un phénomène particulier a été signalé par Tizard [13]. Il croit pouvoir affirmer qu'environ 25 % des enfants spastiques hémiplégiques sont atteints d'hémianopsie, c'est-à-dire d'un trouble du champ visuel tel qu'une partie de ce champ manque. Tizard a remarqué que l'hémianopsie était associée généralement avec des troubles de la sensibilité du côté atteint.

Nous envisagerons plus loin les troubles de l'intégration et de l'interprétation des informations visuelles.

La situation est plus malaisée à évaluer en ce qui concerne la réception des sons et du langage car il est difficile d'apprécier avec exactitude à quel niveau se situe le trouble [14].

Quand un enfant IMC ne réagit pas au langage par exemple, le diagnostic différentiel n'est pas aisé à établir entre la surdité périphérique provoquée par des anomalies au niveau de l'oreille, la surdité d'origine centrale ou l'aphasie sensorielle, l'arriération mentale, et les troubles émotionnels qui d'ailleurs n'excluent pas de réels troubles auditifs.

Nous allons pour l'instant nous limiter au problème des troubles périphériques. Dans ce domaine, nous ne pouvons pas citer des statistiques précises : disons qu'on évalue à environ 20 % les enfants IMC qui souffrent de pertes auditives. Cette fois, il semble bien que les athétosiques soient beaucoup plus fréquemment atteints que les spastiques. Ceci s'explique par la présence parmi eux d'enfants qui ont souffert d'ictère nucléaire. Dans ces cas cependant les troubles sont au moins partiellement d'origine centrale [15].

Nous ne savons donc pas combien d'enfants IMC souffrent de troubles périphériques, c'est-à-dire de troubles de la conduction du son par obstruction du passage vers l'oreille interne, ou d'une pathologie de l'oreille interne et des voies nerveuses de l'oreille interne vers le tronc cérébral. Il reste que de tels troubles existent et qu'il importe de les dépister soigneusement, d'autant plus qu'on peut y porter remède dans un grand nombre de cas par la pose d'appareils. L'enfant IMC est déjà suffisamment affligé de handicaps incurables et intraitables pour qu'il ne faille pas laisser échapper les occasions d'alléger sa condition. Des lunettes ou un appareil acoustique bien adaptés doivent être prescrits quel que soit par ailleurs la gravité des troubles moteurs ou le déficit intellectuel de l'enfant IMC.

Les organes sensoriels autres que l'oreille et l'œil peuvent également être altérés chez les enfants IMC. Nous avons déjà fait allusion aux troubles de la sensibilité tactile chez les hémiplégiques [16]. D'autres perturbations sont signalées au niveau de la sensibilité à la douleur, aux différences de température, aux différences de textures, aux vibrations. Le nombre d'enfants IMC qui souffrent de perturbations au niveau du sens cénesthésique est probablement très élevé et il arrive assez souvent qu'ils ne puissent se représenter la position de l'un ou l'autre segment corporel. Toutefois, en ce qui concerne cette dernière caractéristique, il est difficile aussi de faire la distinction entre ce qui est pathologie des organes récepteurs au niveau des articulations, et ce qui est dû aux lésions cérébrales.

Les troubles au niveau de l'interprétation
et de l'intégration des informations
extéro- et proprioceptices [17, 18, 19, 20]

Dans cette vaste catégorie, nous groupons tous les troubles d'origine centrale, autres que les troubles moteurs, qui sont susceptibles d'altérer la connaissance que l'enfant IMC a du monde dans lequel il grandit. Il s'agit des troubles de la sphère cognitive, qui rassemblent les apraxies, les agnosies visuelles et auditives, les astéréognosies, et nous y ajouterons les troubles aphasiques, bien que ceux-ci soient généralement étudiés à part.

Ces dernières années, l'étude de ces troubles a mobilisé l'attention de nombreux chercheurs, neurologues, psychologues, pédagogues, qui se préoccupent du dysfonctionnement cérébral. Leur importance est en effet très grande et n'a d'égale que l'ignorance dans laquelle nous nous trouvons encore aujourd'hui à leur sujet. Or, ces troubles doivent être étudiés, et des méthodes d'identification et de diagnostic précises doivent être mises au point. Ils sont en effet responsables du diagnostic de débilité mentale porté sur bon nombre d'IMC intelligents, et d'autre part c'est à eux qu'on doit de nombreux échecs dans la rééducation tant fonctionnelle qu'intellectuelle.

Les troubles du langage [21, 22]

De très nombreux enfants IMC présentent de tels troubles soit qu'ils ne parlent pas, soit qu'ils parlent mal ou présentent des défauts d'articulation ou de prononciation. Encore une fois, l'expression « troubles du langage » recouvre des réalités pathologiques de nature fort diverse.

Certains troubles du langage, ou plutôt de la parole, sont d'origine motrice; nous parlerons dans ce cas de dysarthrie, et les athétosiques présentent très fréquemment des troubles de ce genre. La mutité de certains enfants IMC peut être reliée à une perte auditive grave, comme c'est le cas pour des enfants sourds qui ne sont pas IMC. Certains enfants IMC parlent mal parce que ce sont des débiles mentaux. D'autres présentent des troubles de la parole parce qu'ils sont perturbés émotionnellement : un certain nombre de bégayeurs sont dans ce cas. Enfin, un nombre non négligeable d'enfants IMC ne parlent pas parce que le message verbal n'a pas de signification pour eux.

Certains sont capables d'entendre et d'interpréter des sons, mais sont incapables d'utiliser des mots pour s'exprimer d'une manière intelligible. Pour d'autres, les sons n'ont pas de signification et ils sont incapables de les associer et de les interpréter bien que les mécanismes acoustiques périphériques soient intacts. Enfin, quand l'aphasie est globale, l'enfant est incapable de faire des associations et de s'exprimer.

Les dysarthriques sont faciles à reconnaître en ce sens que, malgré toutes les difficultés qu'ils rencontrent, ils parlent, et ils parlent même beaucoup, si le milieu dans lequel ils ont grandi s'est montré accueillant. Ils parviennent d'ailleurs à se faire comprendre beaucoup plus facilement qu'il n'y paraît à première vue.

Distinguer les enfants atteints de troubles aphasiques de ceux qui ne parlent pas parce qu'ils sont émotionnellement fort perturbés n'est pas facile, d'autant plus que la plupart des aphasiques tombent dans cette dernière catégorie.

Le problème de l'enfant IMC dysarthrique est du ressort de la logopédie. Le problème de l'enfant qui ne parle pas parce qu'il est sourd aussi. L'enfant qui ne parle pas parce qu'il est émotionnellement perturbé relève d'une psychothérapie, mais le cas d'un enfant aphasique est beaucoup plus complexe. Les interventions éducatives auprès d'un tel enfant doivent toujours tenir compte du trouble aphasique et on peut dire que tout le travail de rééducation sera imprégné de la préoccupation qui consiste à contrôler si les associations et les interprétations du matériel verbal se font bien, faute de quoi beaucoup d'efforts risquent d'être déployés en pure perte.

Les troubles épileptiformes [23]

D'après différents auteurs, 35 à 60 % des enfants IMC seraient en même temps épileptiques et les spastiques seraient trois fois plus souvent atteints que les athétosiques.

Le dépistage et le traitement de l'épilepsie chez les enfants IMC doivent faire l'objet des plus grands soins, compte tenu des incidences que cette affection peut avoir sur le plan de la rééducation et du comportement en général.

Le syndrome comportemental hyperkinétique [24]

On sait depuis longtemps que des troubles comportementaux caractéristiques peuvent être observés après des traumatismes cérébraux ou des infections qui altèrent le tissu cérébral. On peut donc s'attendre à ce qu'une partie des enfants IMC présentent des caractéristiques comportementales du même genre.

Le syndrome comporte les éléments suivants :
1. L'hyperactivité.
2. Une capacité d'attention limitée et un faible pouvoir de concentration.
3. Une variabilité très grande du comportement qui par là même devient difficilement prédictible.
4. L'impulsivité et l'inaptitude à différer la recherche des satisfactions.
5. L'irritabilité.
6. Les crises de colère trop faciles à provoquer.

Ces caractéristiques comportementales nous semblent plus fréquentes chez les athétosiques et plus encore chez les post-encéphalitiques.

Ces troubles comportementaux sont particulièrement nocifs en regard de l'adaptation scolaire et de l'adaptation sociale. Nous estimons quant à nous qu'ils doivent être soigneusement distingués des troubles affectifs réactionnels qui peuvent évidemment frapper des enfants IMC aussi bien que n'importe quel enfant. En effet les troubles qui appartiennent au syndrome comportemental hyperkinétique ne sont pas relevables d'un traitement psychothérapique, alors que certains troubles réactionnels peuvent l'être.

Au terme de cette énumération des facteurs responsables de la diversité des visages présentés par l'infirmité motrice d'origine cérébrale, nous ne pouvons que conclure par quelques considérations sur le caractère éminemment complexe et difficile de l'intervention pédagogique et psychologique auprès du jeune IMC.

De nombreuses questions restent encore aujourd'hui sans réponse satisfaisante. De quelle manière faut-il aborder les problèmes d'un enfant IMC qui est en même temps sourd ou bien amblyope, aphasique, ou débile mental ? Lequel, parmi ces troubles a, si l'on peut dire, la priorité sur les autres en ce qui concerne le traitement ? Où se situe la frontière entre l'intervention nécessaire et utile et l'interventionnisme intempestif ? Comment peut-on juger si une stagnation ou un échec sont dus aux limitations ou aux troubles irréductibles de l'IMC ou bien à l'insuffisance des méthodes utilisées ?

Si on admet que deux IMC ne sont jamais semblables, même si on les apparie sur la base du type d'atteinte ou de sa gravité, du quotient intellectuel, de l'âge, ou même de la nature des troubles associés qui sont présents, quels groupements peut-on légitimement opérer puisqu'il est exclu d'organiser la rééducation dans une stricte individualisation ?

Nous sommes obligés, jusqu'à présent, d'adopter une attitude exclusivement pragmatique vis-à-vis de tous ces problèmes et une telle attitude s'accompagne inévitablement d'un regrettable gaspillage d'énergie et de temps.

A QUOI RECONNAIT-ON UN ENFANT IMC ?

Il va de soi que dans ce paragraphe, nous ne traiterons pas du diagnostic proprement dit, mais bien de ce qui devrait alerter toute personne susceptible d'entrer en contact avec des enfants : les puéricultrices des crèches, les institutrices des écoles élémentaires, les assistantes sociales, les visiteuses des œuvres de protection de l'enfance, etc. Devant certaines manifestations comportementales, ces personnes devraient conseiller aux parents, souvent mal informés, de présenter l'enfant à une consultation de neurologie.

Dans le domaine des troubles cérébraux, nous sommes résolument hostiles au non-interventionnisme et nous ne croyons pas que le temps puisse jamais arranger les choses. Au contraire, nous sommes convaincues que si un enfant souffre de troubles cérébraux réels et si ces troubles se traduisent dans le comportement, ce dernier s'aggravera avec le temps, sauf si on procède à une rééducation concertée. Les lésions cérébrales ne guérissent pas, mais si on intervient, et le plus tôt sera le mieux, on pourra aider l'enfant à utiliser les possibilités énormes de substitution et de compensation dont dispose le cerveau humain. Par ailleurs, il est bon que tous ceux qui s'occupent d'enfants soient particulièrement attentifs aux signes moteurs discrets car ils passent facilement pour des indices de troubles caractériels d'où peuvent résulter des erreurs de tactique éducative regrettables.

Quels sont les indices inquiétants ?

Nous n'allons nous attarder qu'à ceux qui sont relativement discrets, pour la bonne raison que les encéphalopathies sévères sont généralement repérées et sous contrôle médical.

Au cours des trois premiers mois de la vie du bébé, beaucoup de mères rencontrent des difficultés d'ajustement par rapport aux problèmes d'alimentation, de sommeil et de soins à donner à leur bébé, surtout si elles sont primipares. Il faut donc s'attendre à rencontrer quelques ennuis digestifs, quelques difficultés à établir un rythme normal de sommeil, mais toutes les difficultés au niveau de l'alimentation ou du sommeil ne sont pas des signes neutres. Ainsi, certains bébés peuvent avoir des difficultés à sucer et à avaler parce qu'ils ont des mouvements impropres de la langue, que leur réflexe de succion est contrarié, qu'ils ont des difficultés à soulever les lèvres ou à faire des mouvements latéraux. De même, le sommeil difficile peut être dû à une réactivité excessive aux bruits. Ces difficultés motrices et cette réactivité aux bruits sont les concomitants possibles d'une lésion cérébrale.

Parfois, le bébé n'essaie pas d'utiliser une de ses mains dans ses tentatives de manipulation et d'atteinte des objets ou bien ses mouvements sont heurtés. Ces faits pourtant frappants, échappent très souvent à l'inspection anxieuse que la jeune mère fait de son enfant.

Lorsque l'atteinte est très légère, elle peut ne se manifester qu'au moment où l'enfant commence à marcher. Dans ce cas, surtout si les membres inférieurs sont atteints, il prendra appui sur la pointe des pieds et maintiendra une base de sustentation anormalement large.

Plus tard, le jeune hémiplégique est facilement reconnaissable à la manière dont il tient le bras pressé contre le corps, l'avant-bras plié à angle droit par rapport au bras et la main pliée par rapport à l'avant-bras. Le poing peut être fermé et les doigts solidement enfoncés dans la paume, ou, si l'atteinte est encore plus légère, on notera simplement une excessive extension des doigts et une rotation du poignet quand l'enfant essaie d'atteindre un objet.

Enfin, lorsque l'atteinte est minime, les seules manifestations observables peuvent être de la maladresse et un comportement hyperactif, destructeur et imprévisible.

Ce que nous venons de dire concerne l'enfant spastique; le tableau présenté par l'athétosique est sensiblement différent, bien qu'on pense de plus en plus qu'il peut évoluer au cours du temps et que les cas mixtes sont les plus nombreux.

Chez l'athétosique, pendant les premiers mois de la vie, le tableau est celui d'un retard général du développement moteur, accompagné d'hypotonie et de réflexes tendineux vivaces. C'est souvent bien plus tard que les signes spécifiquement athétosiques apparaissent, avec cette variabilité typique des manifestations d'un jour à l'autre et d'une heure à l'autre. Comme les athétosiques se livrent à toutes sortes de grimaces et de contorsions, comme en plus de cela certains sont sourds, ils courent le très gros risque d'être pris pour des débiles mentaux profonds.

POURQUOI CERTAINS ENFANTS SONT-ILS DES IMC [25, 26, 27, 28]

Le nouveau-né a déjà connu un certain nombre de situations susceptibles d'endommager son cerveau. Les auteurs diffèrent grandement dans l'appréciation du rôle joué par des facteurs génétiques dans l'étiologie de l'infirmité motrice d'origine cérébrale. Ce qui est par contre accepté de tous, c'est que des maladies, des intoxications (médicamenteuses entre autres), subies par la mère, peuvent se traduire par des altérations plus ou moins graves du tissu cérébral du bébé.

Cependant, c'est la naissance qui reste l'aventure périlleuse par excellence, malgré toute l'attention portée par les obstétriciens, les gynécologues et les pédiatres à cet événement.

Certaines recherches ont montré que l'on trouvait des traces de sang dans le liquide cérébro-spinal de beaucoup de nouveau-nés, on cite des pourcentages qui s'élèvent jusqu'à 60 et 80 %, et on est d'accord sur le fait que les premiers-nés et les prématurés sont plus souvent atteints que les autres.

De nombreuses circonstances ont été associées à l'occurrence des dommages cérébraux périnataux : accouchements très rapides ou prolongés, accouchements instrumentaux et par césarienne, circulaires du cordon, inversions, accouchements par le siège ou la nuque... On incrimine également l'action des analgésiques et des anesthésiants. En fin de compte, ce qui détermine la destruction des cellules cérébrales, ce sont l'anoxie ou privation d'oxygénation et l'accident circulatoire qui « noie » en quelque sorte les cellules; les causes mécaniques sont considérées comme négligeables.

Devant la fréquence présumée très élevée des blessures cérébrales chez le nouveau-né, on peut s'étonner (et se réjouir) du nombre relativement peu élevé de personnes qui présentent le syndrome comportemental cérébral. Mais il faut compter avec la vigueur du nouveau-né et les possibilités extraordinaires de substitution et de compensation du tissu cérébral. Dans la plupart des cas, tout rentre dans l'ordre, plus ou moins vite, après un accouchement difficile, voire dramatique. Mais il n'en va malheureusement pas toujours ainsi. Faut-il incriminer la gravité de l'accident lui-même et l'ampleur des destructions ? Sans doute, mais la relation n'est pas simple. Faut-il penser qu'il y a des bébés « prédisposés » congénitalement par les circonstances de leur vie intra-utérine à souffrir plus que d'autres lorsque les circonstances de l'accouchement deviennent traumatisantes ? La plupart des auteurs s'accordent pour écrire qu'il doit en être ainsi, bien que les preuves décisives manquent.

Une fois le moment périlleux de l'accouchement passé, le cerveau du bébé est-il enfin à l'abri ? Pas précisément. L'enfant peut être victime d'un accident, d'une chute grave sur la tête; on observe aussi l'installation de troubles moteurs à la suite de « convulsions » ou de maladies infectieuses comme les mémingites et les encéphalites (éventuellement post-vaccinales). Enfin, des poisons, comme l'arsenic, peuvent être également à l'origine de destructions cérébrales post-natales.

Mis à part les cas d'accidents (et encore, on peut se demander parfois si l'accident n'est pas survenu parce que l'enfant présentait certains dysfonctionnements d'origine cérébrale, non reconnus), il est très difficile de fixer avec certitude l'origine de l'atteinte cérébrale. Le témoignage des parents selon lesquels l'enfant se développait normalement avant la maladie, les convulsions ou la vaccination, doit être pris cum grano salis. Encore une fois, nous devons penser qu'il peut exister des facteurs prédisposants : cette hypothèse est à la base de la notion de « bébé à risque ». Dans certaines villes anglaises, les autorités ont installé une surveillance systématique de tous les bébés pour lesquels une quelconque circonstance de la grossesse maternelle ou de l'accouchement laisse présumer une augmentation du risque d'anomalie cérébrale.

Il reste à signaler que certains enfants IMC sont des rescapés, vivants mais malchanceux, d'une maladie hémolytique qui touche le fœtus ou le nouveau-né. L'hémolyse, c'est-à-dire la destruction sanguine, peut être due à une incompatibilité entre les facteurs Rh ou certains groupes sanguins (une incompatibilité AB-O et quelques autres, très rares, ont été identifiées). La destruction sanguine entraîne un ictère sévère que l'on désigne par l'expression d'« ictère nucléaire » — en allemand « kernicterus » —, et une anémie importante. L'anoxie, qui résulte de l'anémie, est particulièrement redoutable pour les cellules cérébrales fragiles et incapables de régénérer. Les endroits les plus touchés sont :

— les ganglions de la base, dont les lésions provoquent l'athétose;

— les cellules auditives, dont les lésions entraînent des troubles plus ou moins importants de l'ouïe;

— différents noyaux du tronc cérébral dont les lésions sont responsables de la paralysie du regard vers le haut ou vers le bas.

LES ENFANTS IMC SONT-ILS NOMBREUX ?

A partir du moment où le groupe des IMC a été reconnu comme une entité autonome, s'est posée la question de son importance quantitative.

A notre époque, où les tâches éducatives sont lancinantes dans le monde entier par rapport à des millions d'êtres humains, il est normal de s'interroger sur la légitimité des revendications qui sont faites en faveur d'un groupe donné.

Notre position est très nette; le devoir impératif de l'ensemble des membres d'une société de luxe et de gaspillage comme celle dans laquelle nous vivons est de ne laisser personne manquer de l'essentiel sur le plan matériel et culturel, et ce, quelles que soient ses caractéristiques : couleur de peau, valeur économique, qualité intellectuelle, âge, etc. Nous sommes d'autant plus à l'aise pour l'écrire ensuite que la manière dont ce devoir doit être rempli gagne à être définie selon des critères d'utilité et d'efficacité. Il règne dans certains milieux préoccupés par le sort des déshérités un goût trop poussé pour l'acte gratuit, un refus romantique d'envisager les problèmes de rendement, une volonté d'oblativité et de sacrifice qui allège peut-être des culpabilités ou augmente l'estime de soi, mais détermine des comportements qui desservent ceux auxquels ils s'adressent.

En effet, si on n'applique pas soi-même la règle : *essayer de toujours trouver la solution qui maximise l'utilité pour ceux en faveur de qui on agit en minimisant le coût de l'opération*, d'autres viendront qui, au nom du réalisme et du bon sens, refuseront le nécessaire sous prétexte de ne pas encourager le gaspillage.

Deux questions au moins doivent être résolues si on veut passer de l'âge de la charité à celui de la responsabilité collective :

1) Combien sont-ils ?

2) Que peut-on faire d'utile pour eux ?

Nous commencerons par répondre à la première question.

Tournons-nous vers les statistiques. Celles-ci sont fort incomplètes et les informations qu'elles fournissent vont dans des sens divers; pourquoi ?

— Le diagnostic n'est pas encore fait partout avec la précision qui conviendrait. Des enfants qui naissent et grandissent loin des centres urbains importants sont vus par des médecins dont tous ne sont pas au courant des données récentes relatives aux dysfonctionnements cérébraux. Dans les cas d'atteinte légère, le diagnostic n'est pas facile à établir; ce n'est parfois qu'au bout de plusieurs années et au moment où l'enfant pose de graves problèmes scolaires qu'on découvre qu'il s'agit d'un IMC.

— Quant aux adultes IMC, ils ont grandi à une époque où l'attention n'était pas attirée sur leur cas. La plupart ne sont pas recensés et ils vivent cachés dans leur famille, ou trop souvent encore, hélas, dans les asiles, mêlés aux débiles profonds ou aux malades mentaux.

Les recensements les plus sérieux ont été faits en Grande-Bretagne, aux Etats-Unis et dans les pays nordiques. Comme tout semble indiquer que les facteurs ethni-

ques, sociaux ou culturels n'ont pas d'incidence sur la
fréquence de l'infirmité motrice d'origine cérébrale, nous
pouvons généraliser à partir des fréquences signalées pour
ces pays, tout en étant convaincues qu'il s'agit d'un simple
ordre de grandeur. L'importance numérique des IMC
augmentera certainement dans la mesure où les services de
santé des différents pays seront mieux organisés; dans la
mesure aussi où les personnes qui ont des contacts professionnels avec les enfants : les pédiatres, les assistantes
sociales, les instituteurs, seront mieux informés des caractéristiques de l'IMC. Il y a tout lieu de croire que les
valeurs que nous allons citer sont des valeurs sous-estimées
si l'on veut tenir compte de tous les cas d'atteinte discrète
encore souvent ignorés, et de tous ceux que feront apparaître une information plus largement diffusée.

Comme il sera question dans cet ouvrage du jeune IMC,
nous nous sommes arrêtées aux statistiques relatives aux
enfants; ce sont d'ailleurs celles qui seront les mieux faites
et parmi elles, l'étude de Henderson peut être utilisée
comme base de référence. D'après lui, il y aurait en Angle-
terre, Ecosse et Irlande, 2,04 enfants sur 1.000, âgés de 5 à
15 ans, atteints d'infirmité motrice d'origine cérébrale. Si
nous ramenons ces chiffres à la Belgique, nous devons
considérer qu'il y a parmi la population d'âge scolaire
environ 3.000 enfants IMC parmi lesquels on ne compte
pas ceux qui sont atteints de troubles minimes. D'après les
pourcentages proposés par Cardwell (p. 21), ces 3.000 enfants se répartissent de la manière suivante :

- 180 d'intelligence supérieure (Q.I. > 120);
- 780 d'intelligence normale (90 < Q.I. < 120);
- 690 d'intelligence médiocre mais non débiles
  (70 < Q.I. < 90);
- 1.350 débiles mentaux (Q.I. < 70).

Il y aurait de même au moins 11.000 jeunes IMC (entre 5 et 15 ans) en France, dont environ 3.500 seraient normalement intelligents.

Devant ces chiffres, deux conclusions s'imposent :

1. le groupe total et les différents sous-groupes sont suffisamment importants pour qu'une action spécifique s'impose;
2. le groupe n'est pas assez important pour qu'on puisse laisser les pluralismes et les particularismes locaux, idéologiques et autres se déchaîner. Une concentration bien comprise des efforts est souhaitable.

QUE PEUT-ON FAIRE POUR LES JEUNES IMC ?

L'action en faveur des IMC se situe à deux niveaux : le dépistage et le traitement. C'est le traitement qui absorbe à l'heure actuelle la plus grande part de l'énergie des spécialistes, mais il serait souhaitable que le dépistage, surtout précoce, soit intensifié car il est fort probable qu'il en résulterait un allègement du travail thérapeutique et une amélioration de son efficacité.

On pourrait penser que le dépistage est un problème qui relève exclusivement de l'organisation des services de santé dans les différents pays et par là-même ne nous concerne pas. Mais nous croyons que même dans ce domaine, le psycho-sociologue a un rôle à jouer. Pourquoi ? Le dépistage est en partie un problème d'attitudes. Le psycho-sociologue doit tenter de sensibiliser les bien-portants aux problèmes qui concernent les handicapés et les amener à assumer leurs responsabilités. Un dépistage bien fait est très coûteux, demande beaucoup d'esprit d'organisation et la collaboration de nombreux spécialistes. Il ne sera mis sur pied que si une pression s'exerce en sa faveur, si l'utilité en est démontrée et si, avant tout, se développe le sentiment authentique que les handicapés sont membres à part entière de la communauté et qu'il ne suffit pas pour alléger sa conscience d'ouvrir son portefeuille plus ou moins grand à l'occasion d'un quelconque appel au « bon cœur ».

En tout cas, l'efficacité des traitements précoces se révèle tellement grande sur tous les plans que d'un point de vue strictement utilitaire et en n'envisageant que l'économie finale réalisée, l'organisation d'un dépistage efficace est une bonne affaire pour tout le monde.

Une fois reconnu, le jeune IMC devra être mené par le long chemin qui le conduira, dans le meilleur état possible, à l'âge adulte. Pour cela, de nombreuses compétences devront entrer en action, dans des domaines fort divers. Nous allons nous contenter d'en énumérer quelques-uns.

Sur le plan de l'aménagement du milieu : dans un pays comme la Belgique on ignore véritablement qu'il existe des handicapés physiques lorsqu'on construit des bâtiments publics, des routes, des parcs... Emmener des IMC au bassin de natation constitue un exploit parce qu'il n'en existe pas un seul, à Bruxelles du moins, qui ne soit surélevé, et aucun plan incliné ne double les marches des escaliers; il en va de même pour les locaux des administrations communales, des postes, des théâtres, des musées; nous avons vu pourtant, à Copenhague, combien les solutions sont simples et faciles à trouver lorsque l'état d'esprit général est orienté vers la recherche d'un mieux-être pour tous et non seulement pour ceux qui savent jouer des coudes et parler haut.

Nous ne dirons pas grand-chose de l'aménagement des traitements physiques car ce problème n'est pas de notre ressort; nous insisterons seulement sur la nécessité de poursuivre des recherches fondamentales d'abord, de manière à approfondir la connaissance des mécanismes impliqués dans des dysfonctionnements cérébraux; ensuite, au niveau des applications, il s'agira d'utiliser dans les traitements ces connaissances progressivement acquises.

Sur le plan de l'éducation et de la préparation à la vie d'adulte, le psychologue et le pédagogue auront un rôle important à jouer. Le psychologue doit procéder à des évaluations périodiques, suivre les progrès et signaler les difficultés au fur et à mesure qu'elles se présentent. Il doit veiller à l'équilibre psychique du jeune IMC; en collaboration avec un spécialiste des questions sociales, il doit assurer le soutien des parents, de l'entourage de l'IMC et aussi de l'équipe de rééducation, car tous sont soumis à une tension nerveuse qui est souvent sous-estimée.

La collaboration psychologue-pédagogue conduira à la mise au point de méthodes adéquates d'enseignement qui visent essentiellement à obtenir des rendements qui correspondent à la fois aux potentialités réelles de l'IMC et aux efforts qui sont consentis par ceux qui s'occupent de lui. Le dévouement non planifié n'est pas de mise : faute d'études méthodologiques rigoureuses et objectives, les professeurs peuvent « se dévouer » pendant des années en pure perte ou avec comme seuls résultats la frustration, l'amertume et le découragement pour eux-mêmes, l'IMC et ses parents.

Enfin, la législation sociale doit encore beaucoup évoluer, mais par rapport à ce domaine aussi, les attitudes conscientes et surtout inconscientes seront déterminantes.

REFERENCES CITEES

[1] W. J. LITTLE, On the Influence of Abnormal Parturition, Difficult Labours, Premature Birth, and Asphyxia Neonatorum on the Mental and Physical Condition of the Child, Especially in Relation to Deformities, *Trans, Obstet. Soc. London,* vol. III for the year 1861, Longmans, Green, Longmans and Roberts, London, 1862.

[2] W. M. PHELPS, Cerebral Palsy *in* Allen D. Whipple (ed.), « *Nelson New Loose-Leaf Surgery* », Thomas Nelson & Sons, N.Y., 1947.

[3] M. A. PERLSTEIN, Infantile Cerebral Palsy, Classification and Clinical Correlations, *J.A.M.A.*, 149, 1952.

[4] A. A. STRAUSS et L. E. LEHTINEN, *Psychopathology and Education of the Brain-Injured Child* (New York : Grune and Stratton, 1947).

[5] H. G. BIRCH, (ed.) *Brain damage in Children, the biological and Social Aspects.* (The Williams and Wilkins Company, 1964).

[6] B. CROTHERS et R. S. PAINE, *The Natural History of Cerebral Palsy* (Cambridge : Harvard University Press, 1959).

[7] V. E. CARDWELL, *Cerebral Palsy : Advances in Understanding and Care,* Association for Aid of Crippled Children, N.Y., 1956.

[8] E. DENHOFF and I. ROBINAULT, *Cerebral Palsy and Related Disorders,* Y. Y. McGraw-Hill, 1960.

[9] T. W. HOPKINS, H. V. BICE et K. C. COLTON, « Evaluation and Education the Cerebral Palsied Child, » *International Council for Exceptional Children,* Washington, 1954.

[10] G. P. GUIBOR, « Some Eye Defects Seen in Cerebral Palsy with some Statistics, *Am. J. Phys. Med.,* 32, 1953.

[11] W. S. SCHACHT, H. M. WALLACE, M. PALMER et B. SLATER, « Ophtalmologic Findings in Children with Cerebral Palsy. » *Pediatrics,* 19, 1957.

[12] V. E. CARDWELL, voir supra 7.

[13] J. P. TIZARD, R. S. PAINE et B. CROTHERS, « Disturbance of Sensation in Children with Hemiplegia », *J. amer. med. Assoc.,* 155, 1954, 628-32.

[14] M. BUST, R. HELMER, « *Auditory Disorders in Children : a Manual for Differential Diagnosis,* » Grune et Stratton, 1954.

[15] R. K. BYERS, R. S. PAINE et B. CROTHERS, « Extrapyramidal Cerebral Palsy with Hearing Loss Following Erythroblastosis, » *Pediatrics,* 15, 1955.

[16] J. P. TIZARD, R. S. PAINE et B. CROTHERS: voir supra 13.

[17] H. V. CRUICKSHANK, N. E. BICE et K. S. LYNCH. *Perception and Cerebral Palsy* (2nd ed.; Syracuse: Syracuse University Press, 1965).

[18] L. BENDER, *Psychopathology of Children with Organic Brain Disorders*, Springfield, III: C. C. Thomas, 1956.

[19] E. DENHOFF et I. ROBINAULT, *Cerebral Palsy and Related Disorders. A Developmental Approach to Dysfunction.* N.Y. McGraw-Hill, 1960 (chap. 3).

[20] A. STRAUSS et L. LEHTINEN, *Psychopathology and Education of the Brain-Injured Child.* N.Y. Grune and Stratton, 1947.

[21] CRUICKSHANK, ed. *Cerebral Palsy; its individual and community problems.* Syracuse University Press. 1966. Rev. edit.
Chap. 5: R. M. LENCIONE, Speech and Language Problems in Cerebral Palsy.
Chap. 6: NOBER, E. HARRIS, Hearing Problems Associated with Cerebral Palsy.

[22] A. AGRANOWITZ et M. McKEOWN, « Aphasia Handbook for Adults and Children » (Springfield, III: C. C. Thomas, 1964).

[23] E. M. BRIDGES, *Epilepsy and Convulsive Disorders in Children.* N.Y. McGraw-Hill, 1949, (ch. 9 et 10).

[24] M. W. LAUFER et E. DENHOFF, « Hyperkinetic Behavior Syndrome in Children, » *J. Pediat.,* 50, 1957.

[25] G. W. ANDERSON, « Obstetrical factors in Cerebral Palsy. » *J. Pediat.,* 40, 1952.

[26] E. DENHOFF et R. H. HOLDEN, « Pediatric Aspects of Cerebral Palsy. » *J. Pediat.,* 39, 1951.

[27] E. DENHOFF et R. H. HOLDEN, « Etiology of Cerebral Palsy. An experimental Approach, » *Amer. J. Obstet. Gynec.,* 70, 1955.

[28] J. L. HENDERSON, « *Cerebral Palsy in Childhood and Adolescence.* » Edinburgh: E. & S. Livingston, Ltd., 1961, p. 17.

CHAPITRE II

PORTRAIT PSYCHOLOGIQUE DU JEUNE IMC

Notre connaissance de la structure mentale et de la personnalité des IMC, enfants et adultes, a été et reste très sommaire.

Parce qu'ils présentent des lésions cérébrales, on les a, un peu à la légère, comparés aux adultes atteints de lésions cérébrales acquises dont on connaît dans une certaine mesur le comportement praxique, verbal et idéationnel ainsi que les troubles de la personnalité qui les caractérisent. On a toutefois perdu de vue que les similitudes ne sont que superficielles. Dans le cas des IMC, les lésions cérébrales préexistent à la période du développement psychique accéléré des premières années de la vie; celles-ci se sont donc déroulées dans des conditions anormales à de multiples points de vue. Les adultes qui souffrent de lésions cérébrales acquises ont eu un développement normal et nous pouvons dire qu'au moment où survient l'accident cérébral, nous nous trouvons devant une détérioration à partir d'un acquis, alors que chez l'IMC, ce seront les acquisitions et l'installation des fonctions qui auront été troublées.

Parce qu'un nombre non négligeable d'IMC présentent aussi un authentique tableau de débilité mentale, on a souvent négligé de faire la distinction entre des dysfonctionnements spécifiques qui entraînent éventuellement un développement dysharmonique du psychisme et une déficience globale des mécanismes cérébraux qui se traduit par une pauvreté homogène des performances intellectuelles.

De fait, celui qui étudie la structure mentale et le développement de la personnalité du jeune IMC s'expose à des difficultés sans nombre et débouche sur des résultats qui n'ont rien de spectaculaire. Nous estimons pourtant que la tâche doit être entreprise et poursuivie, car on ne peut en rester indéfiniment à un empirisme plein de bonne volonté mais d'une efficacité douteuse quand il s'agit de mettre au point et d'appliquer des méthodes de rééducation et de réadaptation. Or, nous croyons fermement que ce n'est qu'en s'interrogeant sur les modalités et les mécanismes du développement psychique, en analysant les anomalies, en établissant des bilans aussi précis que possible de ce qui reste et de ce qui est perdu, qu'on pourra exercer une action efficace auprès des jeunes handicapés, qu'on pourra les mener aussi loin que leurs potentialités réelles le leur permettent sur le chemin de la socialisation, en se gardant aussi bien d'un optimisme généreux mais parfois injustifié que d'un pessimisme paralysant.

De plus, comme nous espérons le montrer, l'étude comparative du développement intellectuel, affectif, social et moral des enfants normaux et des enfants IMC ouvre des perspectives théoriques passionnantes.

Pourquoi l'étude de la structure mentale et de la personnalité du jeune IMC est-elle si difficile à mener ?

Avant tout, il faut admettre que l'hétérogénéité du groupe des IMC est particulièrement grande; sans doute n'existe-t-il même pas un autre groupe humain auquel la notion de différence individuelle soit plus applicable. Les raisons qui expliquent cette hétérogénéité sont nombreuses; nous allons les passer en revue.

— En premier lieu, on songe à la variabilité des localisations, à l'étendue des lésions et aussi au moment plus ou moins précoce de leur installation. Il n'est guère possible d'énoncer des règles générales dans ce domaine. Les mécanismes qui sont responsables de l'installation de troubles comportementaux à la suite des accidents cérébraux périnataux sont loin d'être connus. Dans de nombreux cas, l'étendue des lésions cérébrales paraît pouvoir expliquer les anomalies mais dans beaucoup d'autres cas où on observe d'importants déficits intellectuels, le cortex cérébral semble intact. Il arrive aussi que certaines lésions provoquent uniquement des difficultés perceptives, visuelles, auditives ou tactiles, alors que dans d'autres cas apparemment semblables, on trouve des débilités mentales qui sont habituellement associées à des destructions de matière cérébrale beaucoup plus importantes. Inversement, il existe dans la littérature d'assez nombreux exemples qui montrent qu'une activité intellectuelle de bonne qualité peut se maintenir alors que le cerveau est fort endommagé, ce qui est révélé ultérieurement par l'examen post mortem.

— En second lieu, le nombre élevé des troubles associés dans la paralysie cérébrale, leur présence à des degrés variables ne peuvent qu'avoir une influence diversifiante sur la structure mentale définitive du jeune handicapé.

Les troubles associés ont été étudiés, mais à notre connaissance du moins, on ne s'est guère préoccupé de les insérer dans le contexte général du fonctionnement intellectuel. Et pourtant, nous nous trouvons devant une situation dont l'intérêt n'échappera à aucun psychologue averti. Voici des enfants qui grandissent, alors qu'il existe chez l'énorme majorité d'entre eux des troubles au niveau de fonctions qui sont considérées classiquement comme les piliers du développement mental. Ces enfants présentent des troubles sensoriels; leurs possibilités exploratoires, manipulatoires, ont été très souvent limitées d'une manière drastique; ils n'ont pas été à même de coordonner les yeux et les mains, ils n'ont pas pu organiser l'espace environnant en l'explorant; les informations visuelles, auditives, proprioceptives qu'ils reçoivent sont le plus souvent inconstantes, incertaines, douteuses. Est-il concevable que de tels enfants puissent accéder à un moment donné à des opérations mentales compliquées, qu'ils puissent se livrer à des raisonnements sur un plan abstrait ?

L'observation des jeunes IMC nous amène à dire que certains y parviennent et nous posons la question : comment y sont-ils arrivés ?

— En fin de compte, nous devons encore envisager l'importance du vécu comme facteur causal de l'hétérogénéité du groupe des jeunes IMC. Lorsque nous examinons un enfant IMC, il a toujours derrière lui une histoire (comme tout être humain naturellement), mais cette histoire est probablement plus contraignante qu'elle ne l'est pour des enfants normaux qui vivent dans un milieu social et culturel relativement semblable et qui partagent un certain nombre d'expériences communes.

Analysons quelques-unes des nombreuses facettes de cette histoire.

— La gravité du handicap moteur va déterminer la quantité d'expériences pratiques que le jeune IMC aura pu accumuler. Les hémiplégiques modérément atteints auront pu explorer leur environnement en utilisant leur côté sain, mais celui qui ne peut ni se tenir debout, ni utiliser les membres supérieurs, ni contrôler les mouvements de la tête n'aura probablement connu d'autre horizon que sa chambre ou, au mieux, quelques locaux de la maison familiale ou de l'institution qui l'héberge; s'il souffre de troubles sensoriels, son état de déprivation sera encore plus grave.

— Le caractère plus ou moins visible du handicap aura déterminé les réactions de l'entourage, qu'il s'agisse des réactions de curiosité, d'apitoiement ou de dénigrement. Un IMC grimaçant, qui se livre à d'incessantes contorsions est rarement considéré par son entourage comme un être doué d'une intelligence et d'une sensibilité normales, ce qui signifie qu'on tiendra devant lui des propos dont on n'imagine pas qu'ils seront compris alors qu'ils constituent des agressions continuelles.

— Le vécu du jeune IMC va dépendre aussi du milieu social, culturel et matériel dans lequel il va grandir. Un enfant handicapé qui vit dans un milieu populaire peut fort bien assimiler plus d'expériences, être mieux intégré dans le monde des normaux qu'un enfant handicapé qui grandit dans un milieu social aisé. Dans un milieu populaire, de par une certaine nécessité matérielle, régnera une promiscuité qui, pour une fois, sera bénéfique, puisqu'elle permettra au handicapé moteur de participer aux aventures qui arriveront à ceux qui vivent dans son voisinage immédiat. Dans un milieu aisé, les règles d'hygiène, les convenances, isoleront plus probablement l'enfant IMC.

— Le vécu du jeune IMC comprend aussi toutes les interventions thérapeutiques qui ont été pratiquées sur lui. Certains enfants handicapés sont traînés de consultation en consultation, de spécialiste en spécialiste; beaucoup de parents acceptent les propositions d'interventions chirurgicales qui leur sont inévitablement faites ainsi que les traitements douloureux qui leur sont présentés comme des moyens de provoquer la guérison de l'enfant. Il arrive trop souvent hélas que des enfants handicapés moteurs gravissent ainsi un interminable calvaire, d'examen en opération et d'opération en examen, les interventions se faisant souvent dans des conditions de non-préparation psychologique qui peuvent laisser des traces très graves dans le développement de l'enfant.

— D'autre part, certains parents éclairés font donner à leur enfant handicapé, dès les premiers mois, un traitement rééducatif et nous ne savons pas dans quelle mesure ce dernier est susceptible d'influencer l'évolution du jeune IMC. Mais nous pouvons nous poser des questions. Qu'advient-il si on permet au bébé IMC de toucher d'une manière passive des objets ? Si on lui met des objets en main ? Si on l'aide à explorer son propre corps et tout ce qui l'entoure ? Si on le porte jusqu'à certains objets qui sont hors de son atteinte ? Si on le stimule ? Si on le manipule ? Si on lui fournit de nombreuses informations sensorielles ? Si on l'aide à sentir, écouter, regarder ? Si on utilise tous les canaux disponibles d'une manière concertée et intelligente ? Nous pouvons supposer que le tableau qu'offrira à un certain âge l'IMC dont on a ainsi amorcé l'éducation très tôt sera différent du tableau présenté par un jeune IMC chez lequel on a laissé « faire la nature ».

Pour conclure, nous devons nous attendre à ce que le tableau de la structure mentale et le développement de la personnalité soient toujours très fortement individualisés. Il n'y a pas un IMC typique, mais des enfants, des adolescents, des adultes IMC.

Ce n'est pas une raison pour abandonner la recherche d'invariants. Ceux-ci existent certainement et doivent être répertoriés; mais si nous avons beaucoup insisté sur la notion de variabilité c'est pour lutter contre la propension qui existe à penser en termes typologiques et à coller des étiquettes lorsqu'on traite de certains problèmes de psycho-pathologie.

Dans les pages qui vont suivre, nous traiterons succes-sivement de la structure mentale et du développement intellectuel de l'enfant IMC de moins de 8 ans; ensuite, nous étudierons l'enfant IMC plus âgé et nous ferons des comparaisons avec l'enfant normal. Nous terminerons par un essai d'analyse de la personnalité totale du jeune IMC.

LA STRUCTURE MENTALE
ET LE DEVELOPPEMENT INTELLECTUEL
DES ENFANTS IMC AGES DE MOINS DE 8 ANS

L'approche de ces enfants est encore plus délicate que celle des enfants normaux d'âge équivalent; pour les exa-miner, nous nous sommes servi d'une batterie d'épreuves élaborée sous notre direction il y a quelques années [1] en vue de l'exploration des praxies et des gnosies chez l'enfant normal de 3 à 6 ans. Ces épreuves couvrent ce qu'il est convenu d'appeler les domaines du schéma corporel, de la croissance du corps, de l'orientation spatiale, de l'ana-lyse perceptive, de l'activité perceptivo-constructive, etc..., à l'exclusion du langage. Elles s'inspirent d'épreuves exis-tantes mais les modalités de présentation, d'application et de notation ont été mises au point très soigneusement. De plus, nous disposons d'une échelle graduée en demi-années, ce qui nous permet de procéder à des comparaisons aussi bien quantitatives que qualitatives entre les IMC et les enfants normaux.

Nous avons examiné au total 111 IMC. Ce sont des enfants qui fréquentent des instituts de rééducation, ce qui veut dire qu'ils ont été jugés éducables et qu'ils passent une partie du temps dans des classes adaptées à leur âge. Nous avons écarté les enfants très gravement atteints du point de vue moteur, mais conservé ceux qui ne parlent pas. Le groupe comprend 30 enfants âgés de plus de 6 ans mais de moins de 8 ans. Ces enfants ont été inclus dans l'étude parce que nous souhaitions voir où se situaient les performances d'IMC par rapport à celles de non-IMC plus jeunes. Nous espérons ainsi aborder le problème de la différence entre retard global et dysfonctionnement.

On constate :

— que les résultats moyens des IMC sont toujours inférieurs à ceux des enfants normaux du même âge;

— que la différence entre le rendement moyen des deux groupes est généralement moindre pour les plus âgés;

— que tous les IMC de moins de 6 ans obtiennent des notes inférieures à la note moyenne des enfants normaux;

— que parmi les IMC de 6 à 8 ans, un certain nombre rejoignent les normaux.

Nous devons par conséquent admettre que tous les très jeunes IMC accusent une infériorité généralisée pour tout ce qui touche au développement praxique et gnosique.

Nous ajouterons que les enfants qui parlent et qui ont été examinés sur le plan verbal présentent aussi tous sans exception, un retard par rapport à des normes établies sur des enfants non-IMC appartenant à des milieux sociaux modestes. Ces résultats ne nous surprendront pas puisque ces enfants ne maîtrisent pas leur environnement ni sur le plan praxique ni sur le plan gnosique et nous ferons remarquer qu'un milieu très stimulant comme celui de certains instituts de rééducation, ne réussit pas à effacer la différence observée. Il s'agit donc bien d'un retard fonctionnel général — vis-à-vis duquel tout ce qu'on peut faire, c'est d'éviter que ne vienne s'y ajouter un déficit dû au manque d'expériences.

Vers 6-8 ans, une partie du groupe des IMC réalise des performances d'un niveau égal à celui d'enfants non handicapés du même âge. On peut donc croire qu'ils ont rattrapé leur retard, mais il ne faut pas oublier que dans notre expérience, les tâches proposées sont fort élémentaires de telle sorte que presque tous les non-handicapés « plafonnent » à partir de 6 ans.

Ainsi, nous pouvons penser que nous avons mis en évidence le moment où vont se séparer les enfants IMC dont l'équipement neurologique est définitivement déficient de ceux dont l'équipement était potentiellement de haute qualité mais présentait des « trous » qui vont être comblés d'une manière substitutive.

Avant de passer à l'examen du comportement intellectuel des IMC plus âgés, nous allons quitter le domaine du quantitatif pour celui du qualitatif et nous demander comment travaille l'IMC de moins de 8 ans et par quelles voies il arrive à résoudre les problèmes. Est-ce que les modes opératoires auxquels il fait appel sont plus ou moins nombreux, plus ou moins imbriqués, que ceux que l'on peut reconnaître chez l'enfant non-IMC dans la même zone d'âge ?

Nous avons pensé qu'une analyse factorielle effectuée simultanément sur le matériel recueilli auprès des IMC et des non-IMC pouvait être instructive. Pour éviter que n'agisse l'effet massif du retard des IMC, nous n'avons traité que les données relatives aux non-IMC âgés de 3 ans à 4 ans 6 mois (110 enfants). Bien entendu, nous n'avons conservé pour chacune des deux analyses que les épreuves pour lesquelles la distribution des notes était raisonnablement normale. Il s'ensuit qu'il n'y a pas superposition parfaite entre les deux séries d'épreuves, mais les résultats sont suffisamment nets pour que cela ne prête pas à critique. La même méthode d'analyse et les mêmes critères ont été utilisés dans les deux situations [2].

Voici d'abord une présentation des résultats en langage « factoriel ».

1. *Pour le groupe IMC* (23 tests)

— 4 facteurs ont été extraits,
— le premier facteur sature 19 tests sur 23, à plus de + .40 (dont 8 à plus de + .60),
— le second facteur sature 5 tests sur 23, à plus de + .40,
— le troisième facteur sature 2 tests sur 23, à plus de + .40,
— le quatrième facteur sature un test à plus de + .40.

2. *Pour le groupe non-IMC* (31 tests)

— 5 facteurs ont été extraits,
— le premier facteur sature 12 tests sur 31, à plus de + .40 (dont 6 à plus de + .60),
— le second facteur sature 7 tests sur 31, à plus de + .40,
— le troisième facteur sature 5 tests sur 31, à plus de + .40,
— le quatrième facteur sature 3 tests sur 31, à plus de + .40,
— le cinquième sature 2 tests sur 31, à plus de + .40.

Comment comprendre ces résultats ?

Si nous admettons avec Thurstone [3] que les facteurs correspondent à des processus psychologiques qui sont mis en œuvre lors de l'exécution de différentes tâches, nous pouvons interpréter comme suit les différences notables obtenues à partir des données que nous venons de présenter.

— Les mécanismes impliqués dans l'exécution de tâches diverses d'ordre praxique et gnosique sont plus nombreux et plus différenciés chez l'enfant non-IMC que chez l'enfant IMC jusqu'aux environs de la 6e année pour le non-IMC, jusqu'aux environs de la 8e année pour l'IMC. Tout se passe comme si le très jeune IMC ne mettait pratiquement en jeu qu'un seul mode opératoire, que ses réponses engageaient massivement tout son équipement nerveux, qu'il approchait tous les problèmes d'ordre cognitif de la même manière.

— Le second facteur sature quand même cinq tests, objectera-t-on. Mais ces tests représentent des tâches où le moment essentiel est manipulatoire et nous ne devons pas nous étonner si une petite partie de la variance des résultats obtenus par les enfants IMC s'explique par des différences dans la gravité du handicap moteur. Mais ce qui importe, c'est que cela n'ait pas plus d'importance et que le premier facteur explique à lui seul la plus grande part de la variance des résultats à toutes les tâches. Pour nous, ce facteur doit être interprété en termes d'une plus ou moins bonne qualité des structures cérébrales envisagées comme un tout encore largement indifférencié.

— Chez l'enfant normal, la différenciation des modes opératoires et par conséquent des structures est plus poussée. On reconnaît sans doute (1er facteur) les opérations perceptivo-constructives qui sont à la base de tâches telles que le classement par ordre décroissant de longueur ou de volume, la reconstitution d'un puzzle, les constructions en cubes d'après des modèles réels ou dessinés, la copie et la complétion de dessins. On peut distinguer ensuite (2e facteur), une activité que nous qualifierons de « culturelle » ou d'« apprise », où le moment aperceptif global est souvent notable : indiquer les parties du corps, assortir, montrer et nommer des couleurs, nommer les positions relatives d'objets, apparier, encastrer, placer des formes géométriques, identifier des figures lacunaires, découvrir des éléments manquants dans des dessins d'objets familiers, etc... Enfin (3e facteur) viennent des performances perceptivo-motrices qui engagent les membres supérieurs ou le corps entier : ce sont toutes les épreuves d'imitation de positions ou de gestes.

— Les informations fournies par les analyses factorielles recoupent les données de l'observation. Un enfant normal de 3-4 ans est inégal dans ses performances : il peut être bon observateur mais médiocre constructeur ou parleur. Un IMC de moins de 6-7 ans aura dans tous les domaines et d'une manière homogène un plus ou moins grand retard sur les enfants normaux du même âge que lui.

Comment la situation va-t-elle évoluer avec l'âge ? Notre expérience avec les IMC de plus de 7-8 ans nous amène à formuler les hypothèses suivantes :

— la qualité des performances d'ordre intellectuel est très inégale chez l'énorme majorité des enfants;

— chez un certain nombre, cette dispersion dans la qualité s'accompagne d'un niveau global nettement inférieur à la normale;

— d'autres répondent normalement pour certaines catégories de tâches alors qu'ils présentent des dysfonctionnements manifestes par ailleurs.

Si ces hypothèses se vérifient, nous pourrons arriver à objectiver la distinction entre les IMC débiles mentaux et les IMC à développement dysharmonique, les « totalement normaux » étant l'exception. Nous noterons aussi à quel point ce modèle du développement intellectuel diverge de celui que l'on considère comme valable pour l'enfant normal. Chez ce dernier, s'opère en effet une intégration progressive des modes opératoires qui débouche sur la représentation mentale, l'abstraction et une activité intelligente très largement unitaire.

Pour tester nos hypothèses, nous allons une fois de plus nous tourner vers l'expérimentation.

LES PERFORMANCES DES ENFANTS IMC AGES DE 8 ANS ET PLUS DANS DES TACHES INTELLECTUELLES

Cinquante enfants IMC ainsi que cinquante enfants non-IMC soigneusement appariés au point de vue âge et Q.I. ont été examinés à l'aide d'une batterie de 28 épreuves (l'âge variait entre 8 et 12 ans, et le Q.I. au Terman-Merrill était supérieur à 75). Dans tous les cas, l'examen s'est déroulé en tête à tête et les épreuves ont toujours été adaptées de telle sorte que le handicap moteur ne puisse entrer en ligne de compte. Aucune mesure de temps n'a été prise et nous avons tenté d'égaliser les conditions de travail des IMC et des non-IMC, ce qui a été d'ailleurs très difficile.

Voici la liste des épreuves :

1. Tous les sous-tests du WISC [4].
2. L'épreuve des figures enchevêtrées de A. Rey.
3. L'épreuve de ségrégation visuelle de mots de A. Rey [5].
4. L'épreuve des figures lacunaires de A. Rey.
5. L'apprentissage d'une série de 15 mots de A. Rey [5].
6. Les cubes de Knox [6].

7. Le form-board de Seghin [6].
8. Les pochoirs (stencil design test) de Grace Arthur [6].
9. Le Matrix-couleur de Raven [7].
10. Les cubes de Kohs [8].
11. Des matrices d'encastrement.
12. Un test de discrimination figure-rond [9].
13. Le Marble-board test [10].
14. Un test de discrimination tactile.
15. Le test Z de Zulliger [11].
16. Le test Reversal de Edfeldt [12].
17. L'échelle de maturité mentale de Columbia [13].

Comme on peut le constater, les épreuves sont représentatives d'un éventail très large d'activités dont on dira seulement qu'elles sont toutes d'ordre cognitif.

La comparaison entre les performances des IMC et des non-IMC a été très féconde. Quantitativement, les performances du groupe IMC sont toujours en moyennes inférieures à celles du groupe non-IMC. On constate cependant toujours un recouvrement plus ou moins important entre les deux séries de résultats. L'infériorité est la plus manifeste pour les épreuves perceptivo-spatiales, mais elle est également nette pour les sous-tests du WISC. Par contre, elle est plus faible pour toutes les activités d'encastrement (si on ne tient pas compte de la durée d'exécution de la tâche).

Si on compare les résultats des IMC et des normaux de 8 ans et plus à ceux des moins de 6 ans, nous constatons que tous les IMC de moins de 6 ans sont inférieurs à la moyenne des normaux de même âge pour toutes les épreuves, tandis qu'une partie des plus de 8 ans atteint ou dépasse la moyenne pour certaines épreuves.

Qualitativement, nous avons retrouvé les constatations déjà faites par d'autres auteurs. Souvent, l'IMC procède autrement dans sa démarche que le non-IMC, et même lorsqu'il réussit dans des tâches du genre de celles que nous lui avons proposées, il le fait avec plus de difficultés et souvent par des moyens moins efficaces et plus onéreux que le non-IMC.

Comment travaille-t-il ? Quels sont les mécanismes auxquels il fait appel ? Diffèrent-ils de ceux qui sont utilisés par le non-IMC d'âge équivalent ? A nouveau, nous avons fait deux analyses factorielles parallèles dans les mêmes conditions et avec les mêmes méthodes que précédemment. L'analyse pratiquée sur les données relatives aux IMC nous a permis d'isoler quatre facteurs qui correspondraient à quatre dimensions fondamentales du fonctionnement intellectuel de l'IMC de plus de 8 ans qui n'est pas vraiment un débile mental.

Facteur a : les tests suivants présentent de fortes saturations en ce facteur :

arrangement d'images (WISC) :	.52
assemblages d'objets (WISC) :	.56
labyrinthes (WISC) :	.54
figures enchevêtrées (Rey) :	.66
mots enchevêtrés (Rey) :	.62
pochoirs (Grace Arthur) :	.63
matrix-couleurs (Raven) :	.58
cubes de Kohs :	.55
figures reconnues à l'épreuve de discrimination figure-fond :	.57
code (WISC) :	**.49**
formes reconnues au test de discrimination tactile :	.48
test de maturation mentale de Columbia :	.48

Nous pouvons admettre que pour bien réussir ces tests, il faut être capable d'explorer et d'analyser un matériel visuel assez complexe de manière à arriver à une ségrégation de certaines parties significatives de l'ensemble. L'épreuve des figures enchevêtrées de Rey et l'épreuve de discrimination figure-rond sont des épreuves pures en facteur a. Il s'agit de tâches d'analyse perceptive exclusivement, la nomination des figures isolées relevant d'un niveau de développement très élémentaire puisqu'il s'agit de la représentation d'objets familiers.

Facteur b : les tests suivants présentent de fortes saturations en ce facteur :

marble board test :	.79
cubes de Knox :	.57
mots enchevêtrés (Rey)	.44
pochoirs :	.42
matrix-couleur :	.57
cubes de Kohs :	.59
Columbia :	.57

Cette fois, la réussite exige l'opération inverse de celle qui définit le facteur *a*. Dans toutes les tâches saturées en facteur *b*, il faut que le sujet soit capable d'organiser un tout (« closure factor ») à partir d'éléments séparés, ces éléments obéissant à certaines relations à l'intérieur du tout.

Le marble-board test constitue un bon exemple de tâche saturée en ce facteur uniquement. Par contre, nous remarquons que les mots enchevêtrés, les pochoirs, le matrix-couleur, les cubes de Kohs et le Columbia présentent de fortes saturations tant en facteur *a* qu'en facteur *b*. Dans tous ces cas, on peut faire l'hypothèse que les étapes vers la solution sont les suivantes :
1. exploration systématique du donné visuel,
2. isolement de certains éléments,

3. mise en relation de ces éléments les uns par rapport aux autres,
4. attribution d'une signification au tout.

Facteur c : les tests suivants sont fortement saturés en ce facteur :

compréhension (WISC) :	.66
arithmétique (WISC) :	.72
similitudes (WISC) :	.57
complètement d'images (WISC) :	.55
arrangement d'images (WISC) :	.57

Celui qui passe ces tests doit se livrer à des mises en relation logique, à des inductions ou à des déductions; bref, il doit raisonner. Ce facteur se rapproche sans aucun doute du facteur *g* selon Spearman.

Une comparaison intéressante peut être faite entre le contenu d'une épreuve comme l'arithmétique, saturée quasi uniquement en facteur *c*, et celui de l'épreuve d'arrangement d'images saturée d'une manière très importante en facteur *a* et en facteur *c*. Résoudre un problème d'arithmétique consiste essentiellement, si les opérations de calcul ne sont pas compliquées, à réorganiser mentalement des données, après s'être rendu compte des relations logiques qui existent entre elles. Dans le cas des arrangements d'images, la réorganisation des données conformément à une règle succède à un moment d'exploration, puisque pour trouver la loi d'enchaînement des images, le sujet a dû repérer l'un ou l'autre détail du dessin de chaque image et noter les modifications qui interviennent d'une image à l'autre.

Facteur d : ce facteur n'étant pas représenté d'une façon très importante dans de nombreuses épreuves, nous ne pouvons faire qu'une hypothèse très prudente en ce qui concerne sa nature et nous nous demandons s'il ne s'agit pas de l'aptitude à organiser temporellement une séquence de réponses.

cubes de Kohs :	.58
assemblages d'objets :	.53
labyrinthes :	.41
cubes de Knox :	.38

Des épreuves saturées à la fois en facteur a et en facteur d comme les cubes de Kohs, les labyrinthes, les assemblages d'objets, font bien apparaître les deux opérations qui définissent ces facteurs :

a) exploration systématique du donné visuel,

b) organisation séquentielle des réponses motrices.

Nous sommes ainsi arrivée au terme de l'analyse du comportement perceptivo-intellectuel des enfants IMC de plus de 8 ans. Nous pensons en avoir détecté les dimensions essentielles, et avoir défini ces dimensions en termes fonctionnels.

Si nous examinons maintenant les résultats de l'analyse factorielle effectuée sur les données qui proviennent des enfants non-IMC, nous sommes amenés à suggérer des interprétations fort différentes de celles que nous venons de proposer pour les facteurs a, b, c et d chez les IMC.

Le premier facteur sature les 8 sous-tests du WISC inclus dans la batterie à + .35 ou plus; (dans 5 cas la saturation est > .50). Deux des sous-tests appartiennent à l'échelle verbale, six à l'échelle de performance. Toutes les autres épreuves ont une saturation nulle ou légèrement négative en ce facteur; ce sont : les figures cachées, les mots enchevêtrés, les pochoirs, le matrix-couleur, les encastrements de formes géométriques, la discrimination figure-fond, le reversal, l'échelle de maturité mentale de Columbia.

Qu'est-ce qui caractérise les sous-tests du WISC par opposition aux épreuves que nous venons d'énumérer ? En ce qui concerne ces dernières, on peut arriver à la solution par une approche exclusivement perceptive (même le matrix-couleur et l'échelle de Columbia, sauf pour les derniers item). Ce n'est pas le cas pour les sous-tests du WISC; ceux-ci exigent aussi une activité perceptive mais il y a plus; pour les réussir il faut mettre en relation diverses données d'un problème, procéder à des inférences et à des déductions, bref « raisonner ». Nous nous trouvons donc devant un facteur dans lequel « activités perceptives » et « activités raisonnantes » se trouvent imbriquées sans qu'il paraisse possible de faire la part de ce qui revient aux unes ou aux autres.

Les tests qui sont saturés d'une manière importante par le deuxième facteur ont ceci de commun, c'est que pour trouver la solution, il faut formuler une hypothèse et ensuite opérer un choix parmi plusieurs solutions proposées. Fonctionnellement, il ne nous paraît pas y avoir de grande différence entre le premier et le deuxième facteur; l'un et l'autre impliquent une démarche hypothético-déductive, éventuellement précédée ou accompagnée d'un moment d'analyse perceptive; ce qui les distingue à notre avis, c'est la façon de donner la réponse : d'une manière directe ou par triage.

Les troisième et quatrième facteurs peuvent être qualifiés de facteurs perceptifs. Le troisième facteur sature fortement l'épreuve de complètement d'images, l'assemblage d'objets, les encastrements et la discrimination figure-fond. On peut donc le rapprocher du « closure factor », ou facteur d'organisation perceptive. Le quatrième facteur se retrouve dans l'épreuve du code (Wisc), les figures cachées de A. Rey, les mots enchevêtrés de A. Rey et les pochoirs. Il s'agit sans doute d'un facteur d'analyse perceptive.

Donc, les trois facteurs identifiés chez les non-IMC se retrouvent chez les IMC : éduction des relations et des corrélations, analyse perceptive, structuration perceptive. Ce qui différencie les deux groupes, ce sont les faits suivants :

— En ce qui concerne les non-IMC, les épreuves sont plus « pures » en l'un ou l'autre facteur. Sur 18 épreuves, 15 sont saturées à plus de + .40 en *un seul facteur*; trois seulement sont saturés à plus de + .40 en deux facteurs. Chez les IMC, sur les mêmes 18 épreuves, 8 sont saturées en un facteur et 10 en deux facteurs.

— Le facteur *d* identifié chez les IMC (enchaînement d'une séquence de réponses partielles) n'apparaît pas chez les non-IMC.

— Certaines épreuves ne mesurent pas le ou les mêmes facteurs selon que le groupe est IMC ou non-IMC. Par exemple, les quatre sous-tests du Wisc : cubes de Kohs, assemblage d'objets, code et labyrinthes sont, chez les IMC, fortement saturés en facteur « analyse perceptive » et pratiquement pas en facteur « raisonnement », alors que chez les non-IMC, ces mêmes tests sont tous saturés en facteur raisonnement et seulement le code en facteur d'analyse perceptive.

Que pouvons-nous conclure ?

L'enfant normal de plus de 8 ans présente un fonctionnement intellectuel largement intégré; les opérations hypothético-déductives sont maîtrisées et le support concret, perceptif, a perdu de son importance. D'aute part, des facteurs perceptifs indépendants entrent en jeu lorsque la tâche à exécuter n'exige aucune opération intellectuelle de niveau supérieur.

L'enfant IMC de plus de 8 ans présente une organisation du fonctionnement intellectuel que nous qualifierons de « plus jeune ». La prise de contact perceptive avec les situations-problèmes est encore dissociée du moment « raisonnant ». En d'autres termes, pour exécuter une tâche qualifiée d'intellectuelle, l'enfant IMC va mettre en jeu plus d'un mode opératoire, y compris un mode d'approche perceptif, analysant ou structurant. Par ailleurs, dans certains cas, l'approche perceptive de la situation sera tellement prégnante que le moment hypothético-déductif et celui de « mise en relation mentale » ne seront pas activés.

A l'heure actuelle, nous ignorons si le fonctionnement intellectuel de l'IMC évolue encore qualitativement ou non plus tard au cours de l'enfance et de l'adolescence, mais notre expérience nous incite à penser que les différences que nous avons mises en évidence entre le fonctionnement intellectuel des IMC et des non-IMC, si elles s'estompent ne disparaissent jamais. Elles sont vraisemblablement liées à l'organisation nerveuse et les mécanismes compensatoires sont incomplètement efficaces.

LE DEVELOPPEMENT DE LA PERSONNALITE

Il nous paraît à peine nécessaire de préciser que ce n'est que pour la commodité de l'exposé que nous avons distingué au sein de la personnalité totale du jeune IMC ce que nous avons appelé la structure mentale. En fait, notre désir de connaître ces jeunes gens accorde nécessairement une place capitale aux aspects affectifs, sociaux et éthiques de leur personnalité, mais nous allons nous trouver une fois de plus devant un problème fort difficile à résoudre.

Nous pourrions commencer ce paragraphe en annonçant que les jeunes IMC sont des enfants comme les autres, ce qui aurait le mérite de simplifier singulièrement notre tâche, et de plus, s'accorderait avec la mode actuelle et le ton plus passionnel que scientifique que l'on adopte volontiers vis-à-vis des handicapés. Il semble évident qu'en tant qu'individu, le jeune IMC en voie de développement est susceptible de présenter les mêmes tendances, les mêmes besoins, les mêmes pulsions que tous les autres petits d'homme. Mais n'est-ce pas là une affirmation quelque peu simpliste ?

Dans un ouvrage récemment paru dans cette collection P. Osterrieth pose la question [14] :

« Comment s'élaborent les instances directrices de la personnalité ? Comment s'éduque-t-elle ? », et il répond : « On admet que les fondements de la personnalité sont en partie innés, en partie acquis au cours du plus jeune âge. On admet que même les éléments innés prennent forme et se manifestent en fonction des expériences vécues par le petit enfant dans le cadre familial et sous l'influence de son entourage immédiat. On a souligné depuis longtemps l'importance déterminante des premières années au cours desquelles se constituent les attitudes fondamentales de l'individu, ses positions de base, pourrait-on dire : sa façon de se considérer soi-même, de considérer les autres, sa façon d'envisager la vie; et ces positions de base, très peu raisonnées, intensément senties et vécues, auront une valeur structurante sur toute la suite du développement. »

Comme nous adhérons entièrement à ce point de vue, nous devons bien admettre que l'enfant, l'adolescent, l'adulte IMC ne sera pas « comme les autres » puisque toute son expérience aura été marquée par son état de handicapé moteur, par des troubles d'ordre praxique et gnosique, par des carences d'apprentissage et par des difficultés de communication.

Peu après la naissance, la situation est sans doute la même pour l'enfant normal et pour le futur IMC. Le très jeune enfant perçoit le monde d'une manière tellement incompréhensible qu'il est incapable d'y réagir adéquatement. Les psychanalystes ont d'ailleurs insisté sur ce désarroi et certains en ont même fait la frustration fondamentale. Dans un tel chaos initial, il est normal que toute information, aussi minime soit-elle, joue un rôle structurant. Petit à petit, par des mécanismes d'apprentissage et pour autant que les renforcements soient suffisants, des jalons, des points de repère attractifs ou répulsifs vont se constituer; ceux-ci vont progressivement permettre au petit enfant de mieux se situer dans un monde où il se sentait aliéné, et vont l'amener, au bout de nombreuses années, à devenir un véritable membre de la société.

Cette évolution habituelle n'est pas possible pour le jeune IMC. Ce dernier peut souffrir d'une ou plusieurs déficiences sensorielles; il peut également être atteint de déficits au niveau des processus d'intégration des informations sensorielles; le déficit portera selon les cas sur l'estimation des distances, la position relative des objets, l'organisation spatiale des stimuli, l'appréciation des poids, la constance des formes, la reconnaissance des couleurs, des matières; l'organisation spatiale, la structuration et la reproduction des modèles, la mémoire et la rétention immédiate, l'organisation séquentielle des réponses motrices, l'acquisition de la notion de perspective, la discrimination figure-fond, la connaissance de soi et la localisation de soi par rapport à l'espace environnant, etc.

Dans ces conditions, l'intégration dans la société, le développement affectif, la constitution d'un système de valeurs, ne pourront se faire que péniblement; l'IMC se situera moins bien par rapport aux autres, par rapport à lui-même, par rapport aux choses. Beaucoup de questions resteront pour lui sans réponse; il vivra sur des notions fausses et des sensations incomplètes et bizarres, difficilement comparables avec ce que nous ressentons.

Notre monde du phénomène n'est pas le même que celui dans lequel vit l'IMC, mais ce qui est important, c'est que l'IMC, malgré ses déficits de base, devra essayer de vivre en fonction de notre monde des apparences et non du sien qui n'est pas valable ni accepté dans notre société. Ceci constitue la condition même de son intégration. Il n'y a pas lieu de se demander ici qui a raison, quel est le monde qui est valable, le sien ou le nôtre. Ce qui importe, c'est que ce sera le nôtre qui sera imposé comme modèle et comme élément de référence tout au long de la vie et à l'occasion de toutes les activités de l'IMC.

Par ailleurs, le jeune IMC n'a jamais pu agir comme un enfant d'âge équivalent au sien. Ce dernier ajuste progressivement ses activités manipulatoires et très rapidement arrive à ce que son corps obéisse à ses intentions. Cet ajustement progressif, cette conquête de la précision dans le mouvement et dans l'action va permettre à l'enfant de se mesurer à son environnement, d'en faire une connaissance plus poussée, de l'approcher sensuellement et aussi de la repousser s'il en a le désir. De plus, cet ajustement progressif est une conquête. C'est peut-être la manière la plus éloquente de se prouver que l'on grandit.

Il n'en va pas de même pour l'enfant IMC. Ou bien il est frappé d'impotence motrice totale ou quasi totale, ou bien ses mouvements sont incoordonnés; le résultat de son action échappe continuellement à sa volonté et ce qui est plus grave, il ne constate pas de progrès; quoi qu'il fasse, le jeune IMC se heurte au mur de son déficit neurologique.

Dans ces conditions, il ne pourra pas faire cette connaissance concrète, active, de son environnement, connaissance tantôt attractive, tantôt répulsive, mais toujours voulue. Il devra se contenter d'attendre et de subir. Grandir, apprendre, c'est dans une très large mesure agir à tort ou à raison, et, lorsque c'est à tort, réorganiser son action de manière à ce qu'elle soit mieux adaptée. Comment peut-on apprendre et par conséquent grandir si on ne peut agir et donc si on ne peut se tromper ?

Du point de vue relationnel aussi, la situation dans laquelle va grandir l'enfant IMC différera fondamentalement de celle de n'importe quel enfant non handicapé. Il ne s'agit pas ici de se préoccuper des sentiments que les parents peuvent éprouver vis-à-vis d'un enfant handicapé. Nous pensons qu'un tel enfant peut être aussi bien ou aussi mal aimé qu'un enfant non handicapé; qu'il peut être éventuellement rejeté (mais bon nombre d'enfants non handicapés le sont aussi); qu'il peut être surprotégé et cela aussi est vrai pour de nombreux enfants normaux. Mais certains éléments de réalité sont là. L'acquisition de l'autonomie et de l'indépendance, qui constitue le but ultime de toute action éducatrice bien pensée, quel sens a-t-elle pour un jeune IMC et par rapport à un jeune IMC ? Il devra bien plus longtemps qu'un autre enfant, et dans certains cas toute sa vie durant, dépendre des autres pour se déplacer, pour atteindre un objet convoité, pour se nourrir, pour satisfaire à tous ses besoins naturels, pour s'habiller, changer de position, obtenir un soulagement lorsqu'il ressent un inconfort quelconque.

En quoi peut bien consister la notion d'autonomie et d'indépendance quand on se trouve dans une telle situation ? Si la conquête de l'indépendance ne peut être proposée comme but de l'éducation, quel autre but peut-on lui substituer ? La réalisation de soi ? Il est bien difficile à faire admettre que chaque petit pas sur la voie de la rééducation constitue une réalisation dont il y a lieu d'être fier. Quant à la participation à une réalisation collective ou communautaire, le jeune IMC sait qu'elle est le plus souvent fictive; il découvre petit à petit que le bilan est toujours négatif et il renonce avec amertume à être un élément utile dans une société qui, par ailleurs, est plus prodigue de pitié que de compréhension.

La littérature est pauvre sur le sujet que nous venons d'évoquer. Lorsqu'on parle de la personnalité de l'IMC, on a tendance à ne voir en lui que le lésé cérébral, lui attribuant de ce fait même un certain nombre de caractéristiques comportementales : irritabilité, fatigabilité, impulsivité, manque d'attention, persévération. Par ailleurs, on insiste aussi sur les troubles que peuvent occasionner chez lui des attitudes parentales inadéquates parmi lesquelles on relève principalement la surprotection et la réjection. Nous aimerions pousser l'étude plus loin, et, devant le caractère complexe et délicat du problème, nous allons nous référer à diverses sources d'information, après quoi nous tenterons une synthèse.

Informations fournies par l'observation,
les jeux, les conversations

Lorsqu'une personne non avertie est mise en présence d'un groupe de jeunes IMC, ses sentiments passent généralement par deux stades : dans un premier moment, c'est la pitié qui domine et aussi l'effarement devant tant de misères. La réflexion que l'on entend alors le plus souvent a un aspect projectif évident : « comme ces enfants doivent être malheureux ! » Si l'adulte réussit à surmonter son malaise, il en viendra assez rapidement à constater avec étonnement que sa première réaction demande à être reconsidérée. En effet, ces enfants n'ont pas l'air d'être si malheureux que cela; en fait, la plupart d'entre eux n'ont même pas l'air malheureux du tout.

Un groupe d'enfants IMC est aussi jacassant, bruyant, que n'importe quel autre groupe d'enfants; et il donne certainement une impression de meilleure humeur que bon nombre d'enfants classés parmi les normaux.

Cette impression résiste à une observation prolongée. Au moins jusqu'aux environs de la dixième année et même parfois un peu plus tard, l'enfant IMC se montre généralement d'humeur gaie et affable; il est insouciant, peu préoccupé de ses handicaps, tolérant vis-à-vis de toutes les tentatives de rééducation qu'on lui impose; ses contacts avec les autres enfants sont normaux, ses contacts avec les adultes sont confiants. Comme on l'entend souvent dire, les enfants IMC ne paraissent pas se rendre compte de leur état. Aux approches de la puberté, le tableau change du tout au tout. Tout se passe comme si le voile que les enfants s'étaient maintenu délibérément devant les yeux se déchirait; on dirait qu'ils se regardent enfin et qu'ils se voient tels qu'ils sont; qu'ils regardent aussi les autres, et se comparent aux normaux, ce qu'ils n'ont apparemment jamais fait jusque-là. Il en résulte de véritables crises de désespoir qui sont très souvent accompagnées d'une stagnation au point de vue scolaire, d'un désintérêt pour toute acquisition et même dans certains cas de tentatives de suicide. Il semble vraiment y avoir une discontinuité entre l'état d'enfance prolongée dans lequel se réfugient les petits IMC et l'état de conscience exacerbée dans lequel nous voyons se débattre les adolescents IMC.

Pour mieux comprendre les attitudes des jeunes IMC vis-à-vis de leurs handicaps, tout en restant à un niveau assez superficiel, nous avons posé quelques questions à deux groupes d'enfants âgés de 4 à 11 ans, dont les uns au nombre de 18 sont des IMC internes dans un Centre de Rééducation de Bruxelles, et dont les autres, valides, au nombre de 30, vivent dans leur famille et mènent une existence d'écolier.

Nous allons commenter les réponses que nous avons obtenues. En premier lieu, nous avons essayé de dépister un éventuel sentiment de gêne lié à la visibilité de l'infirmité. Nous avons demandé aux enfants s'ils aimaient qu'on les regarde, s'ils aimaient bien être en maillot de bain sur la plage et aussi s'ils souhaitaient que personne ne les voie. Nous avons constaté que les réponses des enfants IMC allaient dans le même sens que celles des autres enfants. Il semble qu'ils n'aient aucune honte à être vus et qu'ils aiment même à se montrer.

Nous avons ensuite exploré le besoin d'isolement et le besoin d'indépendance. Nous avons posé les questions suivantes : « Aimerais-tu être tout seul ? » « Aimerais-tu être grand ? » « Aimes-tu qu'on t'aide ? » « Aimes-tu qu'on s'occupe de toi ? ». Ici, les réponses différencient les groupes d'enfants handicapés de ceux qui ne le sont pas. Les enfants IMC se sentent trop dépendants physiquement pour vouloir la solitude, ils ont conscience de leur incapacité à se tirer d'affaire seuls; à la question : « aimerais-tu te débrouiller tout seul ? » beaucoup ont répondu : « oui », mais ils ont ajouté : « mais je ne sais pas ». A la question : « aimerais-tu être grand, pourquoi ? » nous avons obtenu des réponses affirmatives chez la quasi totalité des enfants des deux groupes, mais les motifs invoqués ont été bien différents; les enfants IMC veulent être grands « pour pouvoir marcher » ou « pour aller dans une école avec les autres enfants » ou « pour pouvoir courir comme les autres ». Les autres enfants veulent être grands « parce que c'est plus gai », pour « être libre », « pour faire le commandant », ou encore « pour faire ce qu'on veut ».

Les réponses que nous ont donné les enfants IMC témoignent donc à la fois de réalisme vis-à-vis de la situation actuelle et d'aveuglement vis-à-vis de l'avenir. Il est probable que jusqu'à un certain âge ils croient que leur infirmité ne sera que passagère, et d'ailleurs, les parents et l'entourage s'appliquent très souvent à les accréditer dans cette croyance. Ce n'est que dans cette période de plus grande fragilité qu'est la période pré-pubertaire qu'ils perdent leurs illusions et que la vérité leur saute aux yeux avec toutes les conséquences pénibles que cette révélation peut comporter.

Sans doute devons-nous admettre qu'il y a chez le jeune IMC des forces qui luttent pout maintenir les illusions aussi longtemps que possible. On a souvent l'impression que le jeune IMC est plus bébé que l'enfant de même âge et de même niveau intellectuel mais non handicapé. Il paraît plus crédule, moins nanti d'esprit critique, moins curieux aussi. Tout se passe comme si l'enfant essayait de se cacher le plus longtemps possible de la réalité pénible avec laquelle il va être confronté toute sa vie. Nous pensons qu'il se produit là un mécanisme assez semblable au mécanisme du refoulement hystérique; s'empêcher de penser à certains problèmes, se refuser à évoquer certaines catégories de faits. Il est possible que ce processus fasse tache d'huile et colore le comportement du jeune IMC même dans des domaines qui n'ont apparemment rien à voir avec son handicap et la connaissance qu'il en a. Nous pensons par exemple que cela pourrait expliquer un manque de goût souvent net pour la lecture, pour la recherche d'informations, pour les modes d'expression qui sont susceptibles de provoquer une prise de conscience.

Après avoir abordé l'étude des attitudes des jeunes IMC vis-à-vis de leur infirmité, nous allons examiner quelles sont leurs attitudes à l'égard du monde des adultes, des bien portants et plus particulièrement des parents.

Nous avons demandé aux enfants : « Parmi les gens que tu connais ou dont tu as entendu parler, à qui voudrais-tu le plus ressembler, pourquoi ? » La différence est frappante entre les réponses des enfants IMC et les réponses des enfants non handicapés. Parmi ceux-ci, 27 sur 30 choisissent des modèles d'identification de même sexe et 30 sur 30 choisissent des modèles adolescents ou adultes. Parmi ces adultes, 21 sont d'ailleurs les parents.

Parmi les enfants IMC, 12 sur 18 choisissent un modèle de sexe différent, 12 sur 18 choisissent un enfant plus jeune ou de même âge qu'eux, 2 se tournent vers un personnage mythique, 2 seulement voudraient ressembler au père ou à la mère.

Ces différences dans les choix nous paraissent importantes en regard de la structuration de la personnalité dans la mesure où l'on croit que les mécanismes d'identification y tiennent un rôle de premier plan. En effet, que peut signifier dans le devenir d'une personnalité, l'identification avec un enfant de même âge ou avec un enfant plus jeune ? (si identification il y a, ce dont nous doutons). Quelles sont les répercussions de la non-identification avec le parent de même sexe ? de l'identification avec une personne de l'autre sexe ? Si nous nous référons aux notions classiques, nous devons prévoir que le nombre des personnalités troublées et sexuellement mal différenciées sera élevé.

La faible fréquence des choix en faveur des parents nous ayant intrigué, nous avons voulu étudier plus à fond cet aspect très particulier des relations entre les enfants IMC et les adultes. Pour cela, nous avons employé le jeu des marionnettes. Les enfants IMC avaient à leur disposition sept marionnettes : le père, la mère, le loup, le diable, une fée, un jeune homme et la grand-mère. Le scénario n'a pas varié beaucoup d'enfant à enfant : l'enfant n'a jamais fait intervenir son propre personnage dans le jeu, le loup vient toujours attaquer la mère, le diable lui, s'en prend au père, à la grand-mère ou au jeune homme, jamais à la fée. Certains enfants arrêtent le jeu à ce moment et la fée ne vient jamais tuer le loup, ni ressusciter les morts. D'autres font intervenir un personnage qui tue le loup et c'est invariablement la grand-mère ou le jeune homme mais jamais la fée ou le père. Les enfants ne tuent le loup qu'à grand regret, alors qu'ils s'acharnent sur les autres personnages en frappant avec la tête du loup le corps et surtout le visage des marionnettes.

Nous voyons donc se manifester une intense agressivité dirigée surtout contre la mère; quant au père, il semble jouir dans beaucoup de cas d'un statut de non-existence, alors que dans d'autres, il est également objet d'agressivité. Cette agressivité nous paraît être extrêmement primitive et on peut dire qu'elle se présente à l'état brut. Dans ces conditions, nous ne pouvons faire que des hypothèses au sujet de son origine.

Les enfants ne s'expliquent pas volontiers sur ce sujet, pas plus que sur d'autres; il a fallu l'attrait tout particulier des marionnettes pour que nous ayons un aperçu de ce monde de sentiments violents et sauvages qui les anime. On peut toutefois penser que, pour certains du moins, ces sentiments doivent être en rapport avec le reproche adressé aux parents qui ont été incapables de faire un enfant comme les autres.

Nous avons signalé que l'agressivité était primitive, brutale, sans fard; les enfants qui la manifestent sont jeunes (ils n'ont pas plus de 11 ans). Quel est le destin de ces pulsions agressives ? Cela va dépendre des cas. Nous avons fait raconter des récits de type T.A.T. à des IMC plus grands, adolescents ou jeunes adultes. Dans ces récits, les IMC modérément atteints et, nous a-t-il semblé, surtout les athétosiques, développent des histoires qui tiennent davantage du conte de fées que de la description de situations réelles. Ces récits peuvent tous se traduire par un « Voilà comment je voudrais être », mais ce qu'il y a de remarquable, c'est que nulle part une retombée dans le réel se manifeste. Tout se passe comme si les sujets avaient réussi à ne plus mettre leur personne en cause dans leurs histoires, comme s'ils avaient rêvé tout haut en oubliant la réalité. Les récits mettent en scène des héros amplement pourvus d'avantages qui triomphent de tous les obstacles par leur courage ou par la bienveillance qu'ils suscitent et parviennent au succès ou au bonheur. Par contre, les productions projectives des IMC spastiques, surtout celles des IMC qui sont gravement atteints, apparaissent tristes, vides, ternes. Leur tonalité générale est dépressive, la personnalité des héros est à peine esquissée; quand il y a de l'action, elle avorte lamentablement, sinon il ne se passe rien. Cette pauvreté générale s'accompagne d'une absence quasi totale de manifestations agressives.

Ceux qui ont eu affaire à des athétosiques ont eu maintes fois l'occasion d'apprécier à leurs dépens la charge d'agressivité qui peut être investie dans des gesticulations incoordonnées. Nous faisons l'hypothèse que dans le cas où une certaine activité a pu se développer, une vie fantasmatique s'épanouit sur ce maigre support et dans certains cas subit une hypertrophie telle qu'elle finit par dominer toute la vie psychique.

Devant les situations frustrantes multiples qui sont le lot des IMC, ceux qui sont capables tant bien que mal *d'agir* agressivement, peuvent aussi développer des mécanismes de défense; l'évasion imaginative en est un, d'une grande efficacité. Quand les frustrations affectives viennent s'ajouter aux frustrations en quelque sorte inévitables parce que liées à l'infirmité, de véritables troubles névrotiques, avec culpabilité, anxiété et mécanismes de défense inadéquats peuvent se développer. Nous avons connu deux enfants IMC dont les parents étaient réjecteurs et les mères toutes les deux hystériques, qui en étaient arrivés à considérer leur handicap physique comme une punition infligée par la mère et consécutive à leur méchanceté.

Quand il y a impotence totale ou quasi totale, la réponse agressive directe n'est pas disponible, les frustrations finissent par ne plus être ressenties comme telles et on pourrait même dire que le concept de frustration n'a pas de sens. L'agressivité s'éteint progressivement et avec elle des aspects beaucoup plus positifs de la vie psychique : les aspirations élevées, l'esprit de compétition, la persévérance,... et aussi les troubles névrotiques !

Le Rorschach

Nous allons utiliser maintenant notre dernière source d'information afin de pénétrer plus avant encore dans l'organisation de la personnalité du jeune IMC.

Une de nos collaboratrices a soumis 30 IMC au test de Rorschach; l'âge des sujets variait de 10 à 17 ans avec une moyenne d'âge de 12 ans 10 mois. Les débiles mentaux avaient été écartés, le quotient intellectuel était toujours supérieur à 80 avec une moyenne située à 96,6.

Tous les enfants examinés séjournaient dans des instituts de rééducation spécialisés. Il y avait 19 spastiques, 8 athétosiques, 2 ataxiques et 1 cas douteux.

Les constatations qui découlent de cette étude ont le grand intérêt de se situer au niveau d'une compréhension de la personnalité totale, englobant aussi bien les aspects cognitifs qu'affectifs de cette dernière.

1. Les enfants et adolescents IMC fournissent en moyenne plus de réponses que leurs homologues de même âge et de même quotient intellectuel, non handicapés. Nous pensons que cette différence résulte d'un comportement centré davantage sur la quantité que sur la qualité de la production. Le jeune IMC est mû par plusieurs motifs :

— Il veut plaire à l'expérimentateur et se faire bien voir en répondant beaucoup. Il s'agit là d'une attitude propre à bon nombre d'enfants et d'adolescents qui vivent dans des institutions et n'ont pas de ce fait, des contacts normaux avec les adultes.

— Il croit que les taches représentent vraiment quelque chose qu'il est censé reconnaître. Il s'agirait en quelque sorte d'une déficience de la conscience interprétative; le sujet normal sait, lui, que les taches n'ont pas une signification précise et unique. Cette observation mérite qu'on s'y arrête.

Pour quelqu'un de normal, les taches du Rorschach ressemblent plus ou moins à certains engrammes connus et fixés dès le moment où les objets du monde environnant ont acquis leur individualité grâce au phénomène de la constance de la forme, de la couleur, de la dimension, à travers les variations des approches concrètes. Mais ne pouvons-nous imaginer que pour la plupart des IMC, il n'y a jamais identité des percepts ? Ne pouvons-nous supposer qu'une « certaine » ressemblance les amène, sur l'injonction de leur entourage, à admettre que certains percepts sont identiques sans en être jamais entièrement convaincus ? Dans ces conditions, on peut se demander si pour eux les taches du Rorschach ne leur fournissent pas des informations très semblables à toutes celles qui leur proviennent, c'est-à-dire des informations incertaines et fluctuantes. Peut-être les taches du Rorschach ne sont-elles pas pour eux plus ambiguës que le monde qui les entoure ?

— Enfin, il ne faut pas oublier que le jeune IMC fournit plus de réponses qu'un enfant ou adolescent de même âge parce qu'il reste collé aux planches et manifeste des signes évidents de persévération.

2. L'hypothèse, selon laquelle le monde visuel qui entoure un jeune IMC présente ces caractéristiques d'incertitude et de mouvance, qui rendent pénibles les tentatives de structuration et de compréhension, se trouve étayée par les observations qui ont été faites au niveau du type d'appréhension et des réponses-forme. On se serait attendu, compte tenu de l'idée selon laquelle le lésé cérébral s'accroche au détail, à ce que les réponses D et Dd soient largement prédominantes; or, ce n'est pas le cas. On assiste à un effort presque pathétique et hélas souvent mal récompensé de fournir des interprétations globales (alors que de l'avis général les réponses D sont plus faciles à trouver), comme si le jeune IMC essayait de donner à tout prix une cohésion aux stimulations qui lui sont présentées. Quant au $F+\%$, il est anormalement bas si on tient compte du niveau intellectuel auquel on le relie traditionnellement. Cela ne nous étonnera pas si nous admettons que le jeune IMC, même intelligent, ne possède pas une réserve de souvenirs visuels stables parmi lesquels il n'a qu'à choisir celui qui convient le mieux à la tache qu'il est en train d'interpréter.

Si, pour le sujet normal, la réponse F+ ou F— reflète le caractère judicieux ou non du choix effectué parmi les engrammes et peut donc être considérée comme un indice des capacités intellectuelles, pour le jeune IMC, la réponse F— témoigne simplement du caractère mal fixé des engrammes existants.

3. Les réponses-couleurs et les réponses kinesthésiques nous apportent des informations précieuses sur la vie effective du jeune IMC.

En ce qui concerne les réponses-couleurs, nous trouvons une prédominance des réponses CF et C sur les réponses FC, une majorité de formules de résonance intime extraverties et un nombre de réponses aux planches en couleurs qui dépasse celui qui est donné aux planches noires et grises. Il semble donc que le seuil de sensibilité aux stimuli émotionnels soit fortement abaissé, que l'activité soit très labile avec un contrôle insuffisant des affects, une suggestibilité importante et un haut degré d'impulsivité.

Pour analyser les réponses kinesthésiques, il nous a paru intéressant de diviser le groupe des jeunes IMC selon le diagnostic neurologique. Nous constatons alors que les spastiques obtiennent 0 ou 1 réponse kinesthésique (et il s'agit toujours d'une kinesthésie d'objet) tandis que les athétosiques ont donné beaucoup de réponses kinesthésiques de toutes les sortes avec une balance $\Sigma \, k > \Sigma \, K$.

Chez les premiers, la formule de résonance intime principale est extravertie sans être équilibrée par quelques K et la formule secondaire est franchements coartée. Chez les seconds, la formule principale est extravertie mais souvent mieux équilibrée par les K tandis que la formule secondaire est toujours introvertie.

Comment pouvons-nous conclure ?

Nous dirons que les spastiques sont livrés à leurs affects, à leurs impulsions, sans être capables d'intégrer leurs sensations et leurs activités corporelles. Non seulement les IMC spastiques ne peuvent pas mais ils ne savent pas agir; ils ne peuvent avoir la mémoire kinesthésique des mouvements qu'ils n'ont jamais exécutés et ils ont du mal à prendre conscience de leur propre corps. Le fait que la formule secondaire soit le plus souvent coartée implique de plus que l'état affectif actuel n'est pas un état de conflit; c'est un état stable fondamentalement pauvre, immature à jamais, où des bouffées émotionnelles viennent exploser sans être susceptibles ni d'intégration ni d'adaptation.

Les athétosiques par contre doivent présenter pour la plupart une structure de personnalité en conflit. Les kinesthésies d'objet, comme celles que nous avons trouvées dans les protocoles (feu crépitant, volcan en éruption, fumée qui se dégage, flammes qui jaillissent) signifient les désirs irréalisables, les tensions non résolues. De plus, si nous croyons avec Binder [15] que les kinesthésies émanent de la vie instinctive et sont les représentants d'une vie intérieure active, nous pouvons affirmer de nouveau que les athétosiques ont une propension à vivre une vie imaginative plus importante que leur vie réelle limitée.

CONCLUSIONS GENERALES

Au terme de ce chapitre qui contient la quintessence de ce que dix ans de contact et d'expérimentation avec les enfants et adolescents IMC nous ont appris sur leur psychisme, nous devons bien arriver à la conclusion que ce dernier est qualitativement différent du psychisme d'un enfant ou d'un adolescent qui vit dans les conditions habituelles de notre société et qui possède un équipement nerveux central intact. Sur une base neurologique pathologique, des vécus perceptif, moteur, relationnel nécessairement anormaux vont aboutir à la structuration de personnalités qui, tant sur le plan cognitif qu'émotionnel seront « différentes ». L'affirmation de telles différences ne nous effraie pas; nous n'éprouvons pas le besoin de les nier

dans la mesure où dans notre esprit elles ne sont pas nécessairement synonymes d'infériorité.

REFERENCES CITEES

[1] Fr. ROBAYE & al., « Approche corrélationnelle du développement des gnosies et des praxies chez l'enfant de 2 à 8 ans »
(*J. neurol. Sc.*, 5, 1967).
[2] M. REUCHLIN, *L'analyse factorielle à l'usage des psychologues.* P.U.F., 1961.
[3] L. L. THURSTONE, « Current issues in Factor Analysis. »
Psych. Bull., 37, 1940.
[4] D. WECHSLER, *Echelle d'intelligence de Wechsler pour
enfants* (WISC), Centre de psychologie appliquée, Paris.
[5] A. REY, *L'examen clinique en psychologie.* 2e éd. P.U.F.,
Paris, 1964.
[6] In GRACE-ARTHUR. *Echelle de performance.* Forme II
révisée. The Psychological Corporation. New York. Centre de
psychologie appliquée, Paris.
[7] J. C. RAVEN, « *Progressive matrices 1947* », publ. par The
Crichton Royal, Dumfries, Scotland.
[8] S. C. KOHS, *Test des cubes de Kohs.* Centre de psych. appl.,
Paris.
[9] H. WERNER et A. STRAUSS, « Pathology of Figure - Back-
ground Relation in the Child. » *J. Abnorm. Soc. Psychol.*,
36, 1941.
[10] H. WERNER et A. STRAUSS, « Types of Visuo-Motor
Activity in Their Relation to Low and High Performance
Ages. » *Proc. Am. A. Ment. Deficiency*, 44; 163, n° 1.
[11] H. ZULLIGER, *Test Z.* Ed. Hans Huber, Berne.
[12] A. W. ELDFELT, *Lasmögnadstest (Test Reversal).* Skandina-
viska Testförlaget, Stockholm.
[13] I. LORGE, B. B. BURGEMEISTER, L. H. BLUM, « *Echelle
de Maturité Mentale de Columbia.* » Harcourt, Brace and
World, N.Y. Centre de Psych. Appliquée, Paris.
[14] P. A. OSTERRIETH, *Faire des Adultes.* Ed. Ch. Dessart,
Bruxelles, 1964.
[15] H. BINDER « The 'Light-Dark' Interpretation in Rorschach's Experiment. » *Rorschach Research Exch.*, 1937, 2.

REFERENCES GENERALES

F. H. ALLEN and G. H. PEARSON, « The Emotional Problems of the Physically Handicapped Child. » *Brit. J. Med. Psychol.* 8, 1928.

L. BENDER, « A Visual Motor Gestalt Test and Its Clinical Use. » (*N.Y. Amer. Orthopsych. Ass.* 1938).

L. BENDER et A. SILVER, « Body Image Problems in the Brain Damaged Child » *The Journal of Social Issues,* 4, 1948.

W. E. BLOCK, « Personality of the Brain Injured Child » *Exceptional Children,* 2, 1954.

W. M. CRUICKSHANK, H. V. BICE, N. E. WALLEN et K. S. LYNCH, *Perception and Cerebral Palsy* (Syracuse University Press, 1965).

J. F. GARRETT, « Cerebral Palsy », in J. F. Garett (ed.) « *Psychological aspects of Physical Disability* » Federal Security Agency, Rehab. Serv. Series n° 210, 1953.

M. GUENSBERG, « Emotional Implications of Handicaps, » *Crippled Child,* 27, 1950.

R. H. HOLDEN, « A Review of Psychological Studies in Cerebral Palsy » 1947. 1952; *Am. J. Mental Deficiency,* 57, 1952.

R. H. HOLDEN, « Motivation, Adjustement and Anxiety of Cerebral Palsied Children. » *Exceptional Children,* 24, 1958.

H. C. JOHNSON, « Teenagers : A Real Challenge », *Crippled Child,* 30, 1953.

A. A. STRAUSS et L. E. LEHTINEN, *Psychopathology and Education of the Brain-Injured Child* (New York : Grune and Stratton : 1947).

B. A. WRIGHT, *Physical Disability, A Psychological Approach* (New York : Harper, 1960).

CHAPITRE III

LE JEUNE IMC ET LES AUTRES

Le bébé IMC naît dans une famille que l'on peut situer du point de vue socio-économique, culturel et ethnique. Il va grandir dans un milieu géographique urbain ou rural, entrer en contact plus ou moins étroit avec divers groupes de bien portants et de handicapés et faire partie d'une société déterminée. Notre connaissance de l'IMC ne serait ni complète ni même suffisante, si nous ne tenions pas compte de toutes les interactions qui vont s'établir et se développer entre lui et tous ceux qui l'approcheront de près ou de loin.

Contrairement à la coutume, nous n'allons pas commencer notre analyse par la cellule familiale; nous allons examiner en premier lieu ce qui se passe au niveau du groupe le plus étendu, c'est-à-dire la société dans laquelle va vivre l'IMC, parce que nous pensons que les relations qui vont s'établir à tous les autres niveaux de proximité seront conditionnées par le statut que la Société lui accorde.

LA SOCIETE ET L'IMC

Les discours pleins de bienveillance et à caractère philanthropique foisonnent en regard de tous les déshérités, mais on peut se demander dans quelle mesure des déclarations reflètent des attitudes et des dispositions positives ou bien s'il s'agit de jeux verbaux qui engagent fort peu le comportement, mais ont le grand avantage de donner bonne conscience. Comme les informations objectives sont rares, nous avons jugé souhaitable de procéder nous-mêmes à une investigation quelque peu sommaire mais systématique de la question.

Nous avons interrogé 122 personnes en Belgique. Parmi elles, 28 avaient des contacts professionnels réguliers et de type éducatif avec des handicapés de diverses catégories; 46 étaient des éducateurs pour enfants normaux (à n'importe quel niveau de l'enseignement); 20 ont été contactées parce qu'elles appartenaient au monde des cadres d'entreprise et que parmi leurs activités figurait l'engagement du nouveau personnel; 28 travailleurs manuels ou employés d'un niveau moyen de qualification ont été également interrogés.

Les sujets ont reçu un questionnaire qui comprenait l'exposé de 20 opinions mettant en cause les handicapés physiques. Pour chaque opinion, les sujets interrogés devaient dire s'ils étaient d'accord ou non avec l'opinion proposée, et si le problème les intéressait.

A travers les réponses au questionnaire, nous espérons cerner l'image que les différents groupes se font des handicapés physiques, voir comment s'organisent les attitudes et dans quelle mesure elles varient selon le degré de connaissance objective du monde des handicapés et selon la nature présumée des intérêts et des systèmes de valeurs. Nous avons fait l'hypothèse que les groupes d'enseignants pouvaient être caractérisés par la prédominance probable des intérêts relationnels et du désir d'action sur autrui, tandis que les groupes de travailleurs et d'employeurs possédaient sans doute dans l'ensemble des intérêts technologiques plus marqués et un besoin relativement plus grand d'expansion de soi que d'expansion sur autrui. Enfin, il faut noter que seul le premier groupe a une connaissance objective du monde des handicapés.

Quels sont les résultats de cette enquête ?

1. Les tendances protectionnistes, ségrégationnistes et dépréciatrices apparaissent comme un syndrome unique. Nous retrouvons ainsi une trilogie d'attitudes bien connue de ceux qui étudient les réactions vis-à-vis des minorités gênantes.

2. Les groupes centrés sur les intérêts technologiques, l'expansion de soi, le rendement, sont plus ségrégationnistes, ptotectionnistes et dépréciateurs que les groupes dont les activités sont du type relationnel et qui sont mus par le besoin d'agir sur autrui.

3. La dissociation entre la notion de différence et d'infériorité ne paraît pouvoir se faire que dans la mesure où il y a connaissance directe du groupe jugé. En l'absence de cette connaissance, on observe une liaison étroite entre les deux notions. Ainsi les groupes de travailleurs et d'employeurs jugent les handicapés physiques à la fois différents et inférieurs; le groupe des enseignants pour enfants normaux est le plus égalitaire et le moins dépréciateur; le groupe des éducateurs pour enfants handicapés juge les handicapés physiques différents, mais ne les déprécie pas. Tout se passe comme si la connaissance directe d'un groupe favorisait la dislocation de syndromes d'opinions qui sont sinon élaborés à partir de liaisons a priori, d'agressivité ou

de générosité, de culpabilité et aussi de défenses contre cette culpabilité.

Il apparaît que les deux groupes d'enseignants sont non ségrégationnistes, non protectionnistes et non dépréciateurs pour un motif qui est fondamentalement le même et qui se situe au niveau du système des valeurs. Mais le groupe des éducateurs pour enfants handicapés est devenu capable de serrer la réalité de plus près en acceptant les handicapés physiques comme ils sont, c'est-à-dire objectivement différents des non-handicapés, alors que le groupe des enseignants pour enfants normaux doit affirmer des contre-vérités et prétendre qu'il n'y a pas de différences entre handicapés et normaux pour maintenir son système d'attitudes.

4. En ce qui concerne l'intérêt manifesté ou plutôt déclaré pour les questions relatives aux handicapés physiques, nous arrivons à une constatation fort curieuse : cet intérêt n'a rien à voir avec la nature et l'intensité des attitudes révélées par ailleurs.

Le groupe des éducateurs pour handicapés qui connaît bien ces derniers et qui n'a aucune raison de se sentir coupable à leur égard n'est pas attiré par des problèmes qui sont, tout compte fait, fort académiques. Ce modèle rendrait compte aussi de la manière dont le groupe des enseignants pour enfants normaux a répondu. Pour ce groupe, orienté vers l'aide et l'action sur autrui, les handicapés physiques sont probablement d'une façon exemplaire, « ceux pour lesquels il faudrait faire quelque chose » et pour lesquels on ne fait rien; dans ces conditions, il est tentant de remplacer l'action directe et efficace par la discussion et la polémique.

Quant aux travailleurs, nous voyons dans leurs déclarations d'intérêt une réaction tout à fait étrangère à la nature des problèmes évoqués. Nous croyons qu'une fraction importante d'entre eux ne se soucie absolument pas des handicapés physiques, de ce qu'ils peuvent penser ou ressentir, mais face au questionnaire, ils n'ont pu admettre cette indifférence qui pourrait faire porter sur eux un jugement défavorable en un temps où il est de bon ton de manifester de l'intérêt pout tout ce qui touche aux défavorisés du sort. Nous noterons toutefois que ce souci de conformisme n'est agissant qu'au niveau des déclarations toutes platoniques d'intérêt et ne fait pas évoluer les opinions et les attitudes dans un sens positif.

Nous voyons donc que les handicapés physiques sont perçus comme un groupe étranger et gênant vis-à-vis duquel se déploie le trio habituel : ségrégationnisme, protectionnisme, dépréciation. Ces attitudes existent à un degré nettement moindre chez les gens qui ont choisi comme métier de former, d'aider les autres, d'agir sur eux, que chez ceux qui sont dominés par des intérêts technologiques. Cette situation présente, à notre avis, un caractère dramatique, en ce sens qu'elle a beaucoup de chances de faire échec à une bonne intégration sociale et professionnelle du handicapé physique devenu adulte. Ce dernier risque en effet de ressentir très douloureusement les obstacles, les oppositions et l'hostilité, d'autant plus qu'il a connu, enfant, un milieu bienveillant et plus acceptant.

On ne peut donc pas dire que les attitudes vis-à-vis des handicapés soient aussi idylliques que certains écrits pourraient le laisser croire. Il faut aussi se rendre compte que notre société occidentale est imprégnée d'un système de valeurs et d'une éthique dont certains aspects sont parfaitement contradictoires en regard du comportement à adopter vis-à-vis des handicapés. Ainsi, d'une part, on valorise d'une manière souvent très insistante des caractéristiques comme la beauté, l'élégance, l'adresse physique; on préconise le rendement, la productivité; on apprécie le besoin d'accomplissement, de réalisation et de domination. Par ailleurs, les traditions morales veulent qu'on se montre bon vis-à-vis de tous les déshérités du sort : « on ne vit pas dans une jungle » et « l'homme n'est pas un loup pour l'homme ».

Il est clair que cet ensemble comporte des contradictions que la confrontation avec un handicapé va faire éclater au grand jour, quand il s'agira de traduire les attitudes dans le comportement. On peut donc proposer comme postulat que la présence d'un handicapé dans un groupe quelconque déclenchera toujours des conflits psychiques et posera toujours des problèmes. Parmi ceux-ci, les problèmes matériels seraient probablement les plus faciles à résoudre, s'ils n'étaient pas sous-tendus de conflits internes de la part des membres du groupe. C'est sous cet aspect que nous allons envisager les différents groupes auxquels peut appartenir un jeune IMC.

L'IMC DANS SA FAMILLE

La naissance d'un enfant est sans doute l'événement qui suscite l'éventail le plus large de réactions affectives, qui révèle le plus crûment les tendances profondément enfouies dans l'inconscient, qui satisfait le plus exigeant des besoins : celui de se perpétuer, de survivre.

Que se passe-t-il maintenant lorsqu'on découvre, peu de temps après une naissance, que l'enfant n'est pas comme les autres ?

Quelles sont les réactions lorsqu'un enfant handicapé physique apparaît dans une famille ?

Il est à peine nécessaire de préciser que, si les familles se ressemblent sur beaucoup de points dans une société donnée, elles se différencient forcément par d'autres. Ces différences auront sans aucun doute des effets sur la manière dont sera accepté et traité un enfant infirme et sur la manière dont celui-ci vivra ses relations avec son premier entourage.

Nous allons analyser le système des relations entre l'IMC et ses parents et en suivre l'évolution au cours de la croissance de l'enfant. Nous allons commencer par décrire les comportements que nous estimons être les plus répandus dans notre société.

Denhof et Holden [1] envisagent trois étapes dans l'acheminement pénible des parents vers l'acceptation de leur enfant handicapé.

Dans un premier temps, ils sont sous l'effet du choc provoqué par la révélation de l'anomalie. Souvent, ils soupçonnaient depuis un certain temps que l'enfant ne se développait pas normalement, mais ils essayaient de se leurrer, et, quand leurs craintes sont confirmées par le médecin, il est normal qu'ils réagissent par la stupeur, l'abattement et la révolte contre la réalité cruelle. Les parents psychiquement fragiles ne dépasseront pas ce stade. Certains sombreront dans la dépression, d'autres tenteront d'« oublier » en s'étourdissant par tous les moyens.

De telles réactions risquent plus facilement de se produire lorsque l'enfant handicapé est un premier-né ou bien dans des cas où la venue de l'enfant a été souhaitée de manière compulsive.

Les parents qui ne réussissent pas à sortir de cet état de choc ne pourront rien faire pour leur enfant et d'ailleurs, sous l'une ou l'autre forme, ils le rejetteront. Seuls leur drame personnel et la blessure infligée à leur narcissisme leur importent.

Peut-on les aider ? Nous sommes fort pessimistes à ce sujet parce que de tels états poussent leurs racines dans des couches trop profondément enfouies de la personnalité, parce que la réalité est objectivement très dure à supporter et que le Moi de ce genre de personne est très faible. Le placement aussi rapide que possible de l'enfant handicapé dans un établissement à caractère familial est à notre avis la moins mauvaise solution.

Mais le choc, comme le deuil, s'estompe avec le temps, et la plupart des parents accèdent à une deuxième étape qui est dominée par la recherche désespérée d'une guérison.

Ils s'accrochent à toutes les manifestations de réassurance, aussi mal fondées soient-elles. Les beaux parleurs trouvent souvent plus d'écho auprès d'eux que les personnes de bon sens qui tentent de leur faire entendre le langage de la raison. Ils croient en la vertu de certains médicaments-miracles et soumettent leur enfant à des traitements divers et souvent douloureux.

Ils vont de médecin en médecin, d'institut en institut; parfois aussi, ils rendent visite aux rebouteux, aux charlatans. Ils peuvent ainsi dépenser une fortune, négliger leur vie professionnelle, leur vie conjugale et les soins qu'ils doivent à leurs autres enfants. Dans le même temps qu'ils cherchent désespérément à « guérir » leur enfant, ils se posent la question lancinante : « comment cela a-t-il pu nous arriver ? »

Parsonne n'est à l'abri d'une telle interrogation, mais si les explications rationnelles ne suffisent pas, si la quête d'une « cause » devient compulsive, on peut dire qu'on se trouve à coup sûr devant une manifestation de culpabilité.

Nous citons Bice [2] : « après avoir interrogé 300 parents d'IMC, je suis impressionné, non seulement par le poids de la culpabilité qui pèse sur eux, mais aussi par leur besoin de parler et éventuellement d'agir leurs difficultés émotionnelles. J'ai le sentiment très net que certains parents ont besoin d'un « mauvais objet » sur lequel ils puissent projeter leurs sentiments de culpabilité. »

Ce mauvais objet peut être le médecin-accoucheur qui n'a pas agi comme il aurait dû le faire, ou encore les pédiatres, qui auraient dû connaître le remède infaillible.

Le conjoint et les ascendants de celui-ci peuvent également servir de bouc émissaire, ce qui entraîne inévitablement l'installation d'une tension pénible au sein du couple parental, d'autant plus que les soupçons et les reproches sont généralement réciproques.

Enfin, certains parents s'accusent eux-mêmes d'avoir commis l'une ou l'autre faute d'où découle leur malheur.

Les culpabilités qui se cristallisent autour de la personne de l'enfant handicapé traduisent souvent des culpabilités très profondes qui concernent la transgression de tabous parmi lesquels les tabous sexuels occupent une place de choix : l'enfant handicapé représente dans ce contexte le fruit du péché et sa punition.

Il est peu probable que les parents puissent franchir cette étape d'une manière satisfaisante si on ne les aide pas, tant sur le plan psychologique que sur celui de l'aménagement de leur existence, en tenant compte de la présence du petit IMC.

Or, il faut que les parents arrivent à vivre avec l'enfant sans trop d'ambivalence, d'anxiété et de surcharges matérielles, car dans ces conditions seulement, ils seront capables d'envisager la formule de traitement et d'éducation qui lui conviendra le mieux.

Surtout, ils pourront persévérer, supporter que les progrès soient lents, que certains objectifs doivent être abandonnés, que des accidents de parcours puissent se produire; ils admettront que rien n'est jamais facile mais que l'avenir peut être malgré tout envisagé avec une certaine sérénité.

Bien sûr, même dans les meilleurs cas, des crises pourront se produire, des périodes de découragement apparemment insurmontables, s'installer; mais il ne faut pas oublier que cela arrive aussi dans les familles où il n'y a que des enfants valides; il ne faut pas exiger des parents d'un jeune IMC des prouesses d'équilibre et de stabilité émotionnelle dont la plupart des autres parents ne sont pas capables.

Examinons maintenant les relations entre l'IMC et ses parents du point de vue de l'enfant lui-même.

Dans quelle mesure un enfant ou un adolescent IMC peut-il trouver dans son milieu familial la satisfaction de ses besoins primordiaux ?

En premier lieu, le jeune IMC, comme tout enfant, doit se sentir aimé et éprouver au sein de sa famille un sentiment de sécurité totale. Qu'en est-il dans la plupart des cas ?

Il est heureux que les parents réjecteurs constituent une infime minorité, car lorsqu'il en est ainsi, la réaction de l'enfant IMC est catastrophique. Ou bien il sombre dans la dépression, ou bien, s'il est plus sthénique, il développe des mouvements d'auto-accusation et des sentiments de culpabilité; dans tous les cas, il ressent son handicap comme la conséquence de sa méchanceté à laquelle il attribue la conduite réjectrice de ses parents.

Lorsque la réjection n'est pas franche mais insidieuse et se manifeste par exemple dans le fait que les parents refusent de tenir compte de certaines difficultés et exigent que l'enfant IMC mène la même vie qu'un enfant valide; ou encore, s'ils interprètent les comportements aberrants en termes de paresse, de mauvaise volonté ou de méchanceté, ils courent le risque de voir leur enfant développer une personnalité amère, agressive et revendicatrice.

Mais la plupart du temps, il n'est pas question de réjection. Les parents ont plutôt tendance à étouffer les sentiments négatifs qu'ils éprouvent vis-à-vis de leur enfant handicapé en lui manifestant beaucoup de tendresse, beaucoup d'attention et souvent aussi en le « couvrant » plus qu'il n'est nécessaire.

L'enfant IMC devient alors le pivot autour duquel tout s'agence et s'organise; certains membres de la famille exagèrent même les sacrifices et les privations comme si cela pouvait alléger leur culpabilité d'être bien portants; parfois ils vont jusqu'à freiner inconsciemment les tentatives de rééducation de l'enfant pour qu'ils puissent continuer à se dévouer plus complètement pour lui.

Dans de telles conditions, l'enfant handicapé risque d'être frustré par rapport à un besoin qui devient, à un moment de son développement affectif, aussi important que celui de recevoir : c'est le besoin de donner.

L'enfant apprend la générosité comme toute autre conduite, en ayant l'occasion de rendre de menus services à la mesure de ses capacités; les parents d'un enfant handicapé feraient bien d'exercer leur imagination pour que leur enfant puisse en faire autant malgré son impotence. Peut-être seront-ils critiqués par certaines « bonnes âmes » qui les jugeront cruels et sans cœur, mais la bonne intégration future de leur enfant dépend de leur choix : il est plus difficile et moins flatteur d'éduquer que de se dévouer à tort et à travers !

Si, par une sorte de désir de corriger l'injustice du destin, des parents inondent l'enfant d'attentions et de gâteries, ils provoqueront le développement du trait d'égoïsme qu'on ne manquera pas de reprocher plus tard au handicapé.

De même, l'enfant IMC doit pouvoir satisfaire son besoin de réalisation, faire lui-même certaines choses même si cela lui coûte beaucoup de peine, prend beaucoup de temps et n'est pas parfait.

Les parents sont trop souvent tentés d'enfermer l'enfant dans une inactivité dorée, encore une fois, par culpabilité, et en s'imaginant qu'ils lui font plaisir en lui évitant tout effort; ou bien, par commodité car il est évident qu'ils perdront moins de temps en habillant, soignant, nourrissant et déplaçant l'enfant qu'en l'amenant péniblement à le faire lui-même, seul ou avec une aide.

Ces parents qui empêchent un enfant handicapé d'agir et de donner seraient bien étonnés si on leur disait qu'ils le frustrent d'une source de satisfaction à côté de laquelle le plaisir qu'ils lui procurent en le gâtant et en le surprotégeant fait piètre figure.

Mais il est d'autres besoins, propres à tous les enfants valides ou handicapés, que les parents d'un enfant IMC pourront difficilement satisfaire.

Tout être humain désire qu'on l'apprécie pour ce qu'il fait et l'enfant même très petit attire l'attention sur ses réalisations.

Il déteste cependant qu'on le trompe et qu'on lui dise que ce qu'il fait est bien alors qu'il sait que certaines critiques peuvent lui être adressées. Un enfant valide non débile refuse des marques d'appréciation qu'il sait non méritées; il refuse aussi fréquemment d'exécuter ce qu'on lui demande s'il prévoit qu'il n'obtiendra pas un bon résultat. L'enfant IMC, dans toutes les activités qu'il entreprend, obtient des résultats médiocres, ou bien, il met beaucoup plus de temps qu'un autre pour exécuter une tâche.

Quelle conduite les parents doivent-ils adopter devant cette situation ?

Ils peuvent évidemment rechercher avec obstination quels sont les secteurs où l'enfant aura quelque chance d'arriver parfois à un bon résultat mais, avec un enfant sévèrement handicapé, le nombre de ces secteurs est bien restreint.

Nous pensons qu'il faut procéder d'une autre manière.

Un enfant IMC sera plus heureux s'il vit dans un milieu où on n'exagère pas le goût de la compétition, l'exhibition des talents et des capacités; où on ne valorise pas trop la réussite sociale et personnelle mais où on insiste plus sur les qualités de cœur. Si les parents, par leurs discours et leurs attitudes, montrent que pour eux, ce qui est « bien », c'est de réussir brillamment dans la société, d'être admiré, d'accomplir des performances de qualité exceptionnelle, l'enfant IMC sera évidemment malheureux et frustré en permanence. Il sera douloureusement conscient de ne pas satisfaire aux normes familiales, c'est-à-dire qu'il sera convaincu qu'il est méchant et il aura le sentiment de décevoir ses parents qui font tant pour lui.

C'est pourquoi nous préconisons une certaine décontraction vis-à-vis des buts, la fixation d'aspirations et d'ambitions raisonnables et limitées en tant que facteurs d'équilibre et d'harmonie dans une famille où grandit un enfant IMC.

Il nous reste à examiner quel est le sort dévolu au besoin d'expression de l'enfant IMC.

La plupart de ces enfants ont plus de difficultés à s'exprimer que les enfants valides; du moins ne peuvent-ils le faire par les moyens admis dans notre société.

Or nous savons combien l'expression est importante par rapport au développement de la personnalité; il est donc souhaitable que l'enfant IMC puisse arriver à certaines satisfactions dans ce domaine, même si les voies qu'il utilise paraissent parfois gênantes et ne correspondent pas aux normes habituelles. C'est ainsi qu'il faut admettre que l'enfant IMC utilise des modes primitfs d'expression, recherche les contacts tactiles, exécute d'une manière répétitive les quelques gestes dont il est capable, s'exprime par des cris ou des mouvements incoordonnés.

Il faut que les parents se montrent très permissifs vis-à-vis de ces manifestations, aussi longtemps que l'enfant ne dispose pas de moyens plus normaux.

Comment les relations entre l'enfant IMC et ses parents évoluent-elles ?

Avec un enfant valide, on peut dire qu'il y a en quelque sorte habituation réciproque entre les parents et l'enfant; un équilibre plus ou moins réussi s'établit de part et d'autre entre le système des demandes et celui des réponses.

Certains passages sont sans doute critiques et nous pensons spécialement à la période œdipienne et à l'adolescence, mais dans la majorité des cas, tout se rééquilibre au bout d'un certain temps.

La situation est fort différente quand il s'agit d'un enfant handicapé, plus spécialement lorsque le handicap est de nature physique. Quand il est tout petit, il n'y a guère de différence entre lui et un enfant valide du même âge; dans tous les cas, ce sont les parents et la mère en particulier qui donnent le nécessaire du point de vue matériel et affectif.

Le processus relationnel est normalement unidirectionnel, encore que les sourires et les gazouillis du bébé, les petits bras qu'il tend vers sa mère constituent déjà des récompenses et l'amorce d'un échange de bons procédés. Le bébé IMC, dans beaucoup de cas, ne donnera pas cette joie à sa mère.

Mais en grandissant, les choses vont s'aggraver; l'enfant pèse de plus en plus lourd, il est donc de plus en plus difficile à manier; il faut continuer à le soigner comme s'il s'agissait d'un bébé, souvent encore le langer, le nettoyer; certaines mères qui ont soigné leur enfant sans rechigner quand il était relativement petit ne peuvent cacher leur répulsion à l'idée de devoir continuer à le faire pour un enfant plus grand.

Par ailleurs, un enfant IMC enlaidit souvent en grandissant; les caractéristiques « anormales » deviennent plus visibles : strabisme, grimaces de la face, salivation intempestive, déhanchement, gestes incoordonnés, etc. Jamais les parents n'entendent des commentaires flatteurs au sujet de leur enfant; au contraire, ils perçoivent de plus en plus souvent des signes d'étonnement, de pitié et aussi de répulsion.

Pour éviter que la tension ne devienne insupportable et aussi parce qu'une telle mesure favorise le développement de l'enfant, il faut qu'aux environs de sa cinquième année, le petit IMC passe une partie de son temps en dehors du milieu familial, pour autant évidemment qu'il existe un établissement bien organisé pour le recevoir.

Cette solution a un double avantage : la tâche des parents se trouve fortement allégée et les nouveaux traitements que reçoit l'enfant entraînent presque toujours des progrès clairement manifestes, ce qui est de nature à plaire aux parents et à leur insuffler un nouveau courage. Les débuts de la scolarisation proprement dite seront en général moins satisfaisants. L'idée selon laquelle l'enfant est normal, au moins au point de vue intellectuel, constitue la dernière bouée à laquelle beaucoup de parents se raccrochent et de ce fait, la confrontation avec les premières difficultés scolaires est particulièrement traumatisante. Or, même si l'enfant IMC est intellectuellement bien doué, ses progrès scolaires ne seront pas aussi rapides que ceux d'un enfant valide de même intelligence, à cause de ses difficultés motrices et des troubles associés dont il est très probablement atteint. Si, à ce moment, on ne contrôle pas soigneusement les réactions affectives des parents, leurs interventions risquent d'être gravement perturbatrices pour l'enfant.

Deux attitudes également nocives peuvent s'installer. Certains parents, devant les difficultés scolaires de leur enfant handicapé, sont incapables de surmonter cette blessure narcissique supplémentaire et renoncent définitivement à toute action; d'autres s'obstinent à nier l'évidence et maintiennent pour leur enfant des exigences de rendement scolaire beaucoup trop élevées.

Encore quelques années et l'enfant IMC atteindra la période considérée comme difficile entre toutes, celle de l'adolescence.

Comment vont se présenter à ce moment les relations entre lui et ses parents ?

Ces derniers se sont installés depuis plus de 10 ans dans un climat de préoccupations continues vis-à-vis de leur enfant et inévitablement ils ont fini par trouver dans leur situation un certain nombre de satisfactions; sinon ils n'auraient d'ailleurs pas pu « tenir le coup ».

Parmi ces satisfactions se trouve le fait que l'enfant handicapé continue à dépendre d'eux, qu'il ne peut pas, comme ses frères valides, s'envoler du nid, échapper hors d'atteinte et prendre seul un certain nombre de décisions.

Il est normal par ailleurs que les parents d'un IMC attendent une certaine réciprocité pour les sacrifices et les fatigues qu'ils ont endurés et c'est dans ce sens qu'ils comptent souvent sur l'acceptation de l'IMC d'un état permanent de subordination de type infantile.

Or, le jeune handicapé, comme les adolescents valides, éprouve le désir de s'émanciper de la tutelle parentale; il passera par une période d'opposition, de rejet des normes familiales dans tous les domaines; il voudra avoir des activités différentes de celles que l'on prône dans sa famille... Mais il est bien incapable de satisfaire ses aspirations.

Les parents de leur côté, ressentent les velléités d'indépendance comme des manifestations d'ingratitude, et de plus, ils ont beau jeu de montrer qu'elles manquent de réalisme. Nous avons peu d'expérience quant à la manière dont se résout le sevrage affectif dans le cas d'un jeune handicapé; nous pouvons simplement donner un avis. Nous pensons qu'il est souhaitable que le jeune handicapé soit éloigné d'une manière assez systématique de ses parents pendant l'adolescence. Nous ne pensons pas qu'il puisse réaliser une certaine indépendance affective et intellectuelle s'il continue à vivre dans une dépendance physique intense.

L'éloignement permet aussi d'échapper à cette configuration sinistre que l'on observe hélas assez souvent entre des parents vieillissants, exténués, et un handicapé presque adulte, plein d'amertume et de revendications qu'il n'ose et ne peut exprimer.

Comment le jeune adulte IMC pourra-t-il concrètement vivre indépendant ? Nous évoquerons ce problème dans le dernier chapitre de cet ouvrage.

Nous allons examiner maintenant quelles sont les relations entre le jeune IMC et les autres membres de la famille immédiate, c'est-à-dire les frères et sœurs et éventuellement les grands-parents.

Commençons par analyser le cas de ceux-ci.

Il peut être tentant pour des parents de partager avec leurs propres parents encore alertes les charges qui résultent de la présence d'un enfant handicapé. Une telle solution, si elle est séduisante sur le plan matériel, est cependant à éviter dans toute la mesure du possible parce qu'elle est la cause de multiples complications affectives. L'atteinte narcissique subie par les grands-parents est peut-être encore plus grande que celle des parents; ceci est d'autant plus vrai que la blessure narcissique n'est pas contrebalancée par d'autres sentiments. Il est alors très fréquent d'observer des comportements d'accusation vis-à-vis du gendre ou de la bru : « Si mon fils, ou ma fille, nous avait écoutés, il ou elle n'aurait pas épousé quelqu'un qui est incapable d'avoir des enfants bien portants. » Il va de soi qu'une cohabitation prolongée multiplie les occasions de verbaliser de telles accusations, ce qui n'est pas fait pour détendre l'atmosphère du milieu familial ni pour faciliter l'adaptation des parents à leur enfant.

La tonalité des réactions entre l'enfant et ses frères et sœurs va dépendre de plusieurs facteurs :

— Si l'IMC est l'aîné, il souffrira certainement de voir son cadet le rattraper puis le dépasser dans la plupart de ses activités. Il peut en concevoir de l'amertume, de la jalousie et, si l'on n'y prend garde, sombrer dans la dépression.

— Si l'enfant IMC n'est pas l'aîné, sa situation est plus confortable, mais alors ce seront ses frères et sœurs valides et plus âgés qui rencontreront des problèmes difficiles à résoudre : participation du handicapé à leurs activités, relations avec les camarades, réactions des milieux extérieurs à la famille, etc.

Il dépendra des parents que la collaboration des aînés à l'éducation d'un jeune handicapé soit considérée comme une chose naturelle et facile, ou au contraire, comme une corvée qui engendre l'agressivité et la culpabilité.

Si les attitudes des parents sont telles que toute la vie de la famille est subordonnée à la présence de l'enfant IMC, s'ils tiennent pour négligeable la satisfaction des besoins des autres enfants, ceux-ci essayeront très probablement de s'éloigner du foyer où ils ne reçoivent pas leur dû.

Si au contraire les parents n'accordent pas une place suffisante à l'enfant handicapé et donnent l'impression qu'ils veulent le faire oublier ou le cacher; s'ils s'intéressent exclusivement aux activités de leurs enfants valides et à leur devenir, l'enfant IMC ne pourra que développer des sentiments de réjection et d'abandon.

Il est certes très difficile de trouver le juste milieu entre l'enkystement de la cellule familiale autour de la personne de l'enfant handicapé et la réjection de ce dernier par cette même cellule familiale. Sans doute la meilleure formule consiste-t-elle à ne pas en demander trop, à ménager des périodes de liberté pout tout le monde : pour les parents vis-à-vis de l'enfant IMC, pour les frères et sœurs valides vis-à-vis de l'IMC et aussi pour l'IMC vis-à-vis de tous les autres.

L'IMC ET LES BIEN PORTANTS

Dans ce paragraphe, nous allons examiner les relations entre l'IMC et le monde des bien portants : ses pairs, les adultes tout-venant, les nombreux adultes chargés de ses traitements et de son éducation, et enfin les personnes de l'autre sexe.

Un enfant a des contacts avec des personnes autres que ses parents dès les premières heures de sa vie.

Certes, il n'y aura que sa mère qui existera vraiment pendant les premiers mois; mais petit à petit, d'autres figures viendront s'insérer dans le champ de sa conscience. Il y aura les visiteurs de la maison, la famille éloignée et les amis, les camarades des frères et sœurs, les personnes rencontrées au cours des promenades...

Plus tard viendront s'y ajouter les petits camarades du quartier et de la plaine des jeux, les commerçants, l'agent de police et le facteur..., enfin toutes les personnes qui gravitent autour et dans l'école.

On n'insiste pas assez à notre avis sur l'énorme différence qui existe entre un enfant valide et un enfant IMC, à propos de l'apprentissage des relations sociales.

Souvent, à partir du moment où le handicap d'un enfant est reconnu, il se produit une sorte d'isolement de la cellule familiale par rapport au milieu environnant.

Par discrétion, par gêne ou par peur, les visiteurs se font plus rares; les parents, de leur côté, réduisent souvent aussi les contacts avec l'extérieur, soit qu'ils ressentent la présence de l'enfant IMC comme une tare, soit simplement parce que l'enfant leur occasionne tant de travail qu'ils n'ont plus le temps suffisant pour recevoir ou rendre des visites.

Les frères et sœurs peuvent être gênés d'inviter des petits camarades chez eux et préférer sortir.

A partir du moment où un jeune IMC fort handicapé atteint un certain poids et une certaine taille, tout déplacement se transforme en une prouesse physique pour les parents : monter et descendre des escaliers, traverser une rue, prendre l'autobus, manger hors de chez soi... C'est ainsi que naît la tentation de se replier sur le foyer, de vivre en famille, en circuit fermé.

L'enfant IMC et ses pairs

D'une manière générale, nous avons pu constater que les enfants bien portants développaient des attitudes bien adaptées vis-à-vis des enfants handicapés, et avaient des réactions souvent plus équilibrées que celles des adultes.

Nous affirmons qu'il dépend des parents que leur enfant IMC soit accepté ou non par les groupes d'enfants valides du même âge. Ce sont eux qui doivent présenter le cas de leur enfant avec tact, expliquer les raisons de son comportement et surtout ne pas imposer sa présence.

Ce sont eux aussi qui doivent apprendre à leur enfant comment il doit se conduire en société.

Le jeune IMC a tendance à manquer de réalisme et de lucidité par rapport aux situations dans lesquelles il prétend s'engager et aux performances qu'il veut accomplir.

Par exemple, quand il a réussi à s'intégrer à un groupe de bien portants, il trouve naturel de participer à toutes les activités, même si cela pose des problèmes pratiques qui placent les bien portants dans une position inconfortable. L'IMC n'en a généralement pas cure; il peut arriver qu'au bout d'un certain temps, les bien portants finissent pas éviter le handicapé à cause des entraves qu'il apporte aux agissements des autres et de la tension qui s'introduit par là-même dans le groupe.

Afin d'éviter que ce genre de drame se présente, nous pensons qu'il est souhaitable qu'un enfant IMC soit amené progressivement, et bien entendu sans cruauté inutile, à une juste appréciation de ce qu'il est capable ou non de réaliser sans aide.

S'il grandit dans un milieu familial qui prévient ses moindres besoins et satisfait tous ses caprices afin de lui éviter la prise de conscience de ses limites, il développera d'une manière intolérable un parasitisme qui rendra sa fréquentation fort peu agréable.

L'enfant IMC et les adultes

L'enfant IMC a en général des relations aisées avec les adultes bien portants; nous pourrions même ajouter qu'il manque assez facilement de discrétion dans ces relations.

En général, c'est l'adulte bien portant qui se sent mal à l'aise et qui ne sait trop comment se faire pardonner sa bonne santé.

Il arrive alors qu'il adopte vis-à-vis de l'enfant handicapé une attitude apitoyée, émolliente, que l'IMC ne manquera pas d'exploiter.

Il n'en va pas de même pour de nombreuses personnes qui, au cours des années, vont s'occuper de l'IMC sur le plan éducatif et thérapeutique. L'enfant IMC grandit au milieu de figures autoritaires, directives, compétentes, qui le tiennent en haleine à longueur de journée et qui planifient ses occupations à la minute près.

Il règne souvent, dans les milieux qui s'occupent de la rééducation des enfants IMC, un perfectionnisme outrancier qui est d'ailleurs renforcé par une question fréquemment posée par les parents : « Mon enfant reçoit-il bien tous les traitements qu'il est possible de lui donner ? » Or, la valeur des traitements intensifs est hautement discutable. Phelps a établi qu'il y a peu de différence entre les progrès réalisés par les enfants qui reçoivent un traitement kinésithérapique trois fois par semaine et ceux qui sont traités cinq fois. Il en va de même pour l'instruction scolaire. Nous sommes d'avis que l'enfant IMC, comme tout autre enfant, doit être laissé tranquille à certains moments, doit être autorisé à faire exactement ce qui lui plaît : se tenir comme bon lui semble, se déplacer comme il l'entend, parler n'importe comment et dire n'importe quoi.

Si le jeune IMC est enfermé à longueur d'année dans un horaire rigide, il développera certainement une personnalité falote, immature et renfermée. Il sera incapable de prendre des décisions, de faire valoir certains points de vue auxquels il tient, de défendre ses droits.

A propos des relations entre le jeune IMC et les personnes chargées de ses traitements et de son éducation, nous devons encore évoquer le problème du contenu affectif de ces relations. Il peut se situer plus ou moins près de l'un des deux pôles suivants : le pôle du détachement délibéré et du refus de personnaliser les relations et celui de l'engagement total qui recherche la réciprocité.

L'attitude qui est la plus susceptible d'assurer le bon équilibre tant de l'IMC que de ceux qui s'occupent de lui se situe à égale distance des deux pôles. Si le détachement est trop marqué, si le refus de s'impliquer est flagrant, si l'enfant sent qu'il est traité comme un cas parmi d'autres, si on reste impassible devant ses manifestations d'affection, sa vie s'écoulera dans une atmosphère de chambre froide, et faute de motivation, les progrès seront certainement moins importants qu'ils auraient pu l'être.

Par ailleurs, si les relations entre les thérapeutes, les éducateurs et le jeune IMC sont trop fortement chargées d'émotion, il peut en résulter un état de tension préjudiciable.

L'enfant handicapé risque de ne pouvoir répondre à ce qu'on attend de lui; il se sentira alors coupable et malheureux.

Le personnel traitant, quant à lui, finit par s'épuiser nerveusement et par être victime d'un « break down ».

Une affection calme, une attention capable de porter sur tous les enfants, un solide sens de l'humour, une certaine décontraction, des intérêts extra-professionnels satisfaisants, constituent le meilleur bagage pour tous ceux qui s'occupent de jeunes handicapés.

Les relations entre les jeunes IMC et les personnes de l'autre sexe

Cette question est rarement soulevée, même dans les ouvrages récents, alors qu'on sait fort bien qu'elle préoccupe tous ceux qui touchent de près ou de loin au monde des handicapés.

Nous n'allons pas évoquer ici, le problème des réalisations concrètes sur le plan sexuel et sentimental; cet ouvrage a pour objet l'enfant et l'adolescent IMC, et ceux-ci sont, du point de vue des réalisations, aussi mal lotis que les jeunes valides.

Seulement, ils se trouvent dans une situation fort différente.

Le jeune homme ou la jeune fille valide sait que ce qui lui est interdit ou difficile de vivre dans le moment présent sera permis, voire même conseillé quelques années plus tard; il sait qu'il pourra, s'il le veut, satisfaire aux critères exigés par la société pour se mettre en ménage : gagner sa vie et plaire à une compagne ou à un compagnon.

Les perspectives d'avenir de l'adolescent ou de l'adolescente IMC sont bien moins rassurantes.

La plupart devinent ou savent qu'ils seront incapables de gagner leur vie, a fortiori d'entretenir un ménage; les jeunes filles comparent leur apparence physique à celle des jeunes filles valides et doutent de leur pouvoir d'attraction; les jeunes gens n'imaginent pas qu'ils puissent entrer en compétition avec les valides dans la conquête d'une partenaire.

De plus, tout le monde se comporte autour du handicapé comme s'il était un être asexué que certains besoins ne tourmentent pas; cette attitude ne fait qu'ajouter au malaise qu'éprouve le handicapé.

Il faut que la conspiration du silence cesse; on peut admettre que les parents ne puissent pas affronter les questions qui leur sont posées car déjà bien peu y réussissent avec des adolescents valides; mais les éducateurs ou les thérapeutes doivent avoir le courage d'aborder tous les problèmes avec les jeunes qu'ils connaissent bien. En se montrant disponibles, non conformistes, non moralisateurs aussi, ils peuvent donner aux jeunes handicapés le sentiment que des solutions satisfaisantes existent, que les formes d'adaptation et de bonheur sont multiples; encore faut-il

pour cela faire fi des clichés qui ont trop souvent cours
à propos des relations entre les sexes.

REFERENCES CITEES

[1] E. DENHOFF et R. H. HOLDEN, « Pediatric Aspects of
    Cerebral Palsy » *Journ. of Pediatrics*, 39, 1951.
[2] H. V. BICE, *Group Counselling with Parents of Cerebral
    Palsied : A Symposium* (Chicago : Nat. Soc. for Crippled
    Children and Adults, 1952).

REFERENCES GENERALES

M. ABBOTT, « Total Community Planning for the Cerebral
    Palsied » in *Cerebral Palsy : its Individual and Community
    Problems,* eds. W. M. Cruickshank and G. M. Raus (Syracuse
    University Press, 1955). 1re édition.
S. A. MESSMER, idem - dans la 2e édition, 1966.
R. BARKER and B. WRIGHT, « The Social Psychology of
    Adjustement to Physical Disability », in *Psychological Aspects
    of Physical Disability,* ed. J. F. Garrett (Washington, D.C. : U.S.
    Government Printing Office, 1952), p. 20.
G. BOLES, « Personality factors in Mothers of Cerebral Palsied
    Children, » *Genet. Psychol. Monogr.,* 59, 1959.
D. G. FORCE Jr., « Social Status of Physically handicapped Chil-
    dren. » *Exceptional Children,* 23, 1956.
A. H. KATZ, *Parents of the Handicapped* (Springfield, Ill. : Charles
    C. Thomas, 1961).
M. KLAPPER, *Basic Concepts in Community Planning for the
    Cerebral Palsied* (N.Y. : United C.P. of New York State, 1964).
W. C. KUAVACEUS, « Acceptance - Rejection and Exception-
    ality, » *Exceptional Children* 22 (1956).

« *Cerebral Palsy - a Social Problem* » Symposium, Un. C.P. Assoc., N.Y. City, 1953.

M. PERLSTEIN, *Cerebral Palsy: Dr. Meyer Perlstein Answers Questions Parents ask.* Chicago : National Society for Cirppled Children and Adults Inc., 1961.

W. M. PHELPS, T. W. HOPKINS and R. COUSINS, *The Cerebral-Palsied Child: A Guide for Parents* (New York : Simon and Schuster, 1958).

E. SIEGEL, *Helping the Brain Injured Child* (N.Y. New York Association Children, 1961).

CHAPITRE IV

THERAPIE ET EDUCATION DE L'IMC : UN TRAVAIL D'EQUIPE

Conduire un jeune IMC tout au long du chemin qui va de sa petite enfance à l'âge adulte exige la participation d'un nombre élevé de spécialistes.

Pour que ce travail de longue haleine ait des chances de donner de bons résultats, il faut que les activités de chacun soient reliées à celles des autres et s'intègrent dans une équipe.

L'équipe comprendra toutes les personnes qui s'occupent professionnellement de l'enfant handicapé, mais aussi les parents et des volontaires, c'est-à-dire des personnes qui collaborent bénévolement et dans la mesure de leurs moyens au mieux-être du jeune IMC. L'existence et l'efficacité d'une telle équipe sont subordonnées à l'observation d'un certain nombre d'exigences que nous allons passer en revue.

L'équipe aura un port d'attache, un point de ralliement.

Si les activités de ses membres sont géographiquement dispersées, il faut qu'ils puissent se réunir en un lieu déterminé; mais si les différents traitements et l'éducation peuvent être donnés en un même endroit, ce sera tant mieux pour le bon fonctionnement de l'équipe. C'est ce qui justifie à nos yeux la création et le développement de nombreux centres spécialisés.

La formule qui consiste à envoyer l'enfant IMC à l'école d'une part, dans un centre de kinésithérapie de l'autre, en lui faisant donner en plus des exercices par une logopède et des séances de psychothérapie par un psychologue ou un psychiatre, n'est pas bonne.

— Il faut à l'équipe une unité de vue quant aux buts à atteindre et aux moyens à mettre en œuvre pour y parvenir. Une telle unité ne doit exclure ni l'initiative personnelle, ni la discussion; ce qui importe, c'est que tout le monde soit d'accord sur un certain nombre de points fondamentaux.

C'est ainsi par exemple que les membres de l'équipe doivent avoir une opinion commune sur le rôle que jouent les parents dans les activités de traitement et d'éducation; de même, la fonction des volontaires doit être perçue de la même manière par tous; les modalités des relations entre les médecins et les thérapeutes paramédicaux, entre ces derniers et le personnel enseignant, doivent être reconnues et admises par tous également; de même tout le monde doit s'entendre sur le caractère prééminent de l'une ou l'autre activité (kinésithérapie, ergothérapie, classe...) aux différents moments du développement de l'enfant IMC.

Il est souhaitable que les réunions soient consacrées parfois à l'évocation d'un problème d'ordre général relatif à la finalité du travail et aux moyens qui sont mis en œuvre; il n'est pas possible de travailler longtemps avec des IMC sans être amené à remettre en question des positions jugées légitimes jusqu'alors. Pour éviter les tensions et les diminutions de rendement, il est bon que certains points litigieux puissent être débattus, et, comme un groupe de travail se renouvelle nécessairement, il est souhaitable que les nouveaux venus soient clairement tenus au courant des positions généralement admises par le groupe.

— Il faut que les informations circulent convenablement et atteignent les intéressés en temps voulu. Ces informations portent sur deux domaines : les activités nouvelles et les initiatives prises dans un secteur donné; les problèmes propres à l'un ou l'autre enfant traité.

Les réunions plénières et les colloques partiels doivent remplir ce rôle de véhicule de l'information. Les colloques partiels se tiendront entre personnes d'un même service ou entre services voisins. Ils auront pour but de discuter de certains problèmes précis d'organisation du service ou de certains points techniques relatifs aux traitements. Ils sont très utiles, mais les réunions plénières ne doivent pas leur être sacrifiées sans quoi des clans antagonistes risquent de se développer au sein de l'équipe.

Les réunions plénières sont difficiles à organiser; elles devraient non seulement rassembler les personnes qui travaillent ensemble à la rééducation, mais aussi le personnel chargé des soins et des activités de la vie journalière, les représentants des volontaires, les médecins et même les parents.

Il nous faut admettre qu'un tel rassemblement de personnes n'est pas réalisable pour le moment en Belgique.

Aucun des membres de l'équipe médicale n'est généralement employé à temps plein dans un centre pour IMC et il est illusoire de tenter de trouver un commun dénominateur entre les moments de liberté respectifs. C'est d'ailleurs la raison pour laquelle nous ne jugeons pas souhaitable que ce soit un des médecins qui dirige l'équipe de traitement, a fortiori l'équipe totale.

L'idée que les parents puissent assister à la discussion du cas de leur enfant et y participer relève à notre avis de l'utopie.

Aucun parent, du moins dans nos régions, ne peut supporter d'entendre évoquer le cas de son enfant avec le détachement et l'objectivité qui sont indispensables dans une discussion de travail. D'autre part, on ne peut attendre de tous les membres de l'équipe qu'ils présentent les faits en tenant compte des répercussions affectives que leurs déclarations peuvent avoir sur des parents.

Il arrive aussi que certaines divergences se fassent jour au sein de l'équipe à propos de l'un ou l'autre cas; des discussions parfois âpres peuvent s'élever (il est bon qu'il en soit ainsi) mais les parents risquent fort de prendre ces discussions pour des marques d'incompétence et par conséquent ils craindront que leur enfant ne reçoive pas des soins adéquats.

Nous dirons très franchement que nous ne croyons pas que de vraies, d'authentiques réunions de travail puissent avoir lieu en présence des parents; mais ceci ne signifie en aucune façon que les parents doivent être tenus à l'écart du travail qui se fait avec leur enfant, bien au contraire.

Voici comment les réunions plénières sont organisées au Centre de Rééducation pour IMC, à Bruxelles.

La réunion a lieu toutes les semaines et dure une heure. Y participent toutes les personnes de la maison qui travaillent avec les 2 ou 3 enfants dont on va examiner le cas.

Selon quels critères choisit-on ces derniers ?
— dans le cas où un des organismes qui intervient dans le fonctionnement du Centre réclame un rapport;
— quand un enfant pose un problème particulier dans un service;
— lorsqu'il y a longtemps que le cas de l'enfant n'a plus été discuté.

C'est la kinésithérapeute, directrice des services de rééducation qui coordonne les interventions.

Assistent en plus à la réunion : la directrice administrative du Centre, l'assistante sociale et la conseillère pour les problèmes d'ordre psychologique et pédagogique. Quelques stagiaires en kinésithérapie, ergothérapie ou psychologie font figure d'auditeurs.

Chaque intervention comporte :

— une description de l'état actuel de l'enfant;

— un énoncé des difficultés et problèmes rencontrés;

— la présentation des recommandations aux autres services en fonction de ce qui se fait dans un service donné;

— l'annonce des projets pour les semaines à venir.

C'est ainsi que la kinésithérapeute peut annoncer que l'enfant a réussi à faire quelques pas sans aide; l'ergothérapeute, demander à l'institutrice de ne plus laisser écrire l'enfant à la machine en se servant de deux doigts et non de 10; la logopède, signaler qu'elle ne parvient pas à améliorer la diction de X; l'institutrice, annoncer qu'elle va commencer l'étude des fractions avec Y.

La parole est donnée en premier lieu à la personne qui dirige les puéricultrices qui s'occupent des repas, de la toilette, du coucher, et des périodes en dehors des heures de traitement et de classe.

C'est elle aussi qui est en relation directe avec le médecin-pédiatre, directeur médical du Centre.

Elle fournit des informations sur la croissance de l'enfant, sur son état de santé général et sur certains problèmes qu'il peut poser : caprices ou difficultés alimentaires, énurésie, bobos divers ou accidents plus graves.

Son rôle est très important : pour beaucoup d'enfants, elle est un véritable substitut maternel de très haute qualité. C'est elle qui écoute les histoires que l'on raconte au retour du week-end, qui conseille une nouvelle coiffure aux grandes filles, qui console les petits quand ils ont un gros chagrin, qui distribue les baisers du soir et fait que le Centre n'est pas un pensionnat mais un grande famille.

Aux réunions, elle fournit également des renseignements sur les relations entre l'enfant et ses parents; elle peut décrire le comportement des visiteurs vis-à-vis de l'enfant; signaler les cas de réjection plus ou moins dissimulée; demander que l'on s'occupe d'un enfant que les parents ne veulent ou ne peuvent pas venir visiter aussi souvent qu'il le faudrait...

Nous attachons une très grande importance à cette partie de la réunion; sans doute son intérêt est-il dû partiellement à la très grande qualité morale et professionnelle de la monitrice en chef, mais c'est par l'insertion de ces détails de la vie quotidienne de l'enfant dans la discussion qu'on ne perd jamais de vue qu'il s'agit d'enfants qui présentent tous leur individualité, leurs problèmes de tous ordres, et qui ne sont pas de simples numéros dans une série.

Les autres membres de l'équipe interviennent ensuite, comme nous l'avons déjà dit, en donnant des informations sur l'état actuel de l'enfant, en évoquant les difficultés qu'ils rencontrent, en faisant des recommandations, des projets. Les recommandations nous paraissent particulièrement utiles en ce sens qu'elles assurent l'homogénéité des attitudes et des comportements vis-à-vis d'un enfant donné et qu'elles évitent les contradictions entre les différents services.

La conseillère en psychopédagogie intervient pour préconiser l'adoption d'une attitude en réponse à des comportements difficiles, pour corriger une équation personnelle ou pour expliquer éventuellement une réaction étonnante.

C'est au cours des réunions que sont prises les décisions relatives à des changements de tactique scolaire; que l'on envisage le départ d'un enfant auquel le Centre ne convient pas; que l'on suppose de faire appel à un médecin consultant : ORL, oculiste...; que l'on décide aussi de prendre contact avec les parents pour régler certaines questions qui ne dépendent pas uniquement du Centre.

EVOLUTION DE L'EQUIPE AU COURS DU DEVELOPPEMENT DE L'ENFANT IMC

La configuration de l'équipe variera selon les moments du développement de l'enfant; son organisation ne sera pas toujours la même et sera centrée sur des secteurs d'activité différents.

Pendant la petite enfance

Une fois le diagnostic posé, et il est souhaitable qu'il l'ait été très tôt, une action rééducatrice syncrétique sera entreprise.

Le pédiatre et la kinésithérapeute seront les figures centrales pendant cette période.

Le pédiatre sera évidemment préoccupé par les problèmes de santé qui se poseront à l'enfant IMC comme à tout autre, mais souvent d'une manière plus compliquée; ce sera lui qui prescrira, s'il le juge nécessaire, certains médicaments : des anticonvulsivants par exemple ou des relaxants musculaires; c'est lui qui conseillera judicieusement les parents quant au régime alimentaire et à l'hygiène générale à observer avec l'enfant; c'est lui qui mettra au point, en collaboration avec le neurologue, les grandes lignes du traitement physico-thérapique.

Le traitement est appliqué par la kinésithérapeute mais nous avons le sentiment très net que son travail n'est pas seulement efficace sur le plan neuro-musculaire; il constitue une véritable rééducation globale, qui active aussi bien l'esprit que le corps et est susceptible de compenser chez l'enfant IMC le manque d'expérience et les limitations inhérentes à son handicap.

Le traitement avec le tout jeune enfant IMC ne se fera pas en vase clos. Actuellement, on préconise participation de la mère au traitement; on souhaite que la mère assiste à la clinique ou à l'institut au traitement de son enfant et apprenne à le pratiquer elle-même.

Nous préférerions que ce soit la kinésithérapeute qui se rende de temps à autre au domicile de l'enfant IMC de manière à montrer à la mère ce qu'elle peut faire, compte tenu des contraintes imposées par les locaux et l'environnement immédiat.

Quoi qu'il en soit, il ne peut être question que le traitement du petit IMC soit limité à certains moments précis de la semaine; il doit être de tous les instants et totalement intégré dans la vie familiale.

Cette orientation thérapeutique des activités de la vie journalière doit se faire dans une atmosphère détendue et non perfectionniste; le pédiatre et la kinésithérapeute seront toujours attentifs à la manière dont les parents vivent cette expérience. Ils ne laisseront pas échapper les indices d'exagération dans les interventions; ils veilleront à ce que les parents ne trouvent pas dans ces activités un exutoire à leurs tensions personnelles; ils insisteront pour que les parents ne négligent pas pour autant leurs autres obligations et activités.

Normalement, il n'est pas de meilleure psychothérapie de l'entourage d'un enfant IMC que cet engagement dans le traitement; le fait de participer à la rééducation resserre les liens entre l'enfant et les parents, il permet à ces derniers de se sentir moins coupables parce qu'efficaces.

L'intervention du psychologue est nécessaire dans les cas où les parents ne parviennent pas à surmonter le choc provoqué par la découverte de l'anomalie de leur enfant et réagissent d'une manière négative à ce dernier; alors une intervention spécifiquement psychothérapique doit être envisagée le plus rapidement possible. Enfin, les problèmes matériels qui sont soulevés par la présence d'un enfant IMC dans une famille doivent être tout de suite pris en considération; un service spécialisé doit fournir aux parents toutes les informations susceptibles d'alléger leur tâche sur le plan matériel et financier; ce sera par un tel service que les parents apprendront, entre autres, quelles sont les démarches qu'ils peuvent effectuer pour obtenir certaines interventions, pour se procurer certains appareils ou certains équipements susceptibles d'augmenter le confort de l'enfant et son apparence normale.

La période de préparation scolaire

Vers 4 ans, il est temps que l'enfant handicapé sorte du nid, du moins pour de courtes périodes, qu'il fréquente d'autres enfants handicapés comme lui et passe du travail individuel au travail en groupe ce qui lui assurera un début de socialisation.

L'enfant passera si possible une partie de ses journées dans un centre spécialisé où il recevra les divers traitements dont il a besoin et fréquentera une classe adaptée à son niveau de développement. Pendant cette période, le traitement kinésithérapique se poursuivra bien entendu, l'ergothérapie interviendra pour initier l'enfant aux pratiques de la vie journalière et la logopédie assurera un bon développement sur le plan verbal.

Nous estimons que c'est l'institutrice de la classe maternelle qui assure le mieux la permanence dont l'enfant a encore grand besoin à cet âge et c'est elle qui doit être la figure centrale à laquelle il peut se raccrocher.

Pour les parents, cette période est souvent moins dure que ne le fût la précédente et que ne le seront les suivantes.

Généralement, ils ont réussi à accepter la situation telle qu'elle est; comme l'enfant est absent une partie de la journée, la mère voit sa tâche sensiblement allégée; d'autre part, les mises au point auxquelles on procède, les nouveaux traitements qu'on instaure, donnent aux parents le sentiment « qu'on fait tout ce qu'il faut pour soigner l'enfant ».

A la fin de cette période, c'est-à-dire vers 6-7 ans, un premier bilan sera établi par toute l'équipe et des plans seront dressés en vue de l'étape suivante, celle de la scolarisation.

Les solutions envisagées seront présentées aux parents et discutées avec eux, si possible en présence de toutes les personnes qui se sont occupées de l'enfant, y compris le pédiatre, qui a continué à surveiller son état de santé. Le rôle du psychologue est très important à ce moment; les investigations auxquelles il a procédé, ainsi que toutes les informations qu'il a recueillies auprès des différents membres de l'équipe de rééducation le mettent à même de faire une première estimation des possibilités de scolarisation de l'enfant.

L'attention doit porter principalement sur deux points : le type de scolarisation susceptible de convenir à l'enfant et son degré de préparation (« readiness »).

Les parents désirent souvent que leur enfant handicapé franchisse au même âge les mêmes étapes que leurs autres enfants ou que les enfants valides qu'ils voient autour d'eux; il faut leur faire comprendre qu'une hâte trop grande risque d'entraver le début des apprentissages scolaires, et qu'il est préférable de placer un enfant qui souffre de troubles associés ou d'une légère débilité mentale générale dans un enseignement adapté plutôt que de le forcer à se maintenir dans un enseignement normal (voir chap. VI, page 163).

L'âge scolaire

Avec le début de la scolarisation proprement dite, la configuration de l'équipe change une fois de plus.
Maintenant l'activité principale se fera dans la classe; ceci ne veut pas dire que les autres facettes du travail éducatif et thérapeutique doivent être négligées. L'enfant sera entraîné à prendre soin de lui-même et à se débrouiller dans les activités de la vie journalière : ce travail est du ressort de l'ergothérapeute; il doit continuer, s'il le faut, à recevoir un traitement logopédique; la kinésithérapie, elle aussi, sera poursuivie. Mais, dans la mesure du possible,

l'ergothérapie et la logopédie seront intégrées à l'activité scolaire; l'institutrice et la logopède collaboreront pour améliorer les modes d'expression; l'institutrice et l'ergothérapeute se rencontreront pour résoudre certains problèmes relatifs, par exemple, à l'apprentissage de l'écriture; la kinésithérapeute aussi, en plus des traitements, se préoccupera de l'installation en classe, entre autres, de la manière dont l'enfant est assis pour écrire ou pour lire.

Quant à la collaboration entre le personnel enseignant et le psychologue, elle sera de tous les instants. Les échanges se feront dans les deux directions; les pédagogues éclairent le psychologue quant à certaines facettes du comportement de l'enfant qui ne sont pas perceptibles dans les tests et qui permettent de mieux l'apprécier; le psychologue discute avec le pédagogue des difficultés rencontrées par l'enfant en classe et des moyens susceptibles de les contourner.

Quel est le rôle des parents dans l'équipe pendant cette période ?

A vrai dire, la réponse est nuancée. D'une part la situation des parents devient plus pénible encore; les inconvénients liés à l'état de l'enfant augmentent au fur et à mesure que l'enfant grandit et, en même temps, par un mécanisme quasi inévitable d'accoutumance, les parents cessent d'être l'objet de l'attention et de la prévenance de leur entourage. Ils ne peuvent que se sentir abandonnés à leur sort et obligés d'affronter seuls tous les problèmes qui se posent à eux.

Et pourtant il ne nous paraît pas souhaitable de faire participer les parents d'un enfant IMC à son travail scolaire, alors que nous préconisions de les associer au travail kinésithérapique qui se faisait avec l'enfant très jeune. Pourquoi ?

Le personnel enseignant a dû s'initier aux techniques pédagogiques spécialement conçues pour l'instruction des enfants handicapés; il ne lui est pas possible de transmettre cet apprentissage à des parents et par conséquent ces derniers risquent d'interférer fâcheusement avec le travail des éducateurs s'ils donnent de leur côté, des directives quant à la manière d'apprendre certaines notions.

Les parents se trouvent donc à la fois isolés moralement et dépossédés en partie de ce qu'ils imaginent être leur fonction; il faut les aider et ce sera le travail du psychologue. Au cours d'entretiens individuels ou de réunions de groupe, il doit laisser s'exprimer les peines, les rancœurs, l'amertume; il doit permettre certaines explosions d'agressivité, mais il doit en même temps favoriser petit à petit un travail de reconstruction et de rééquilibration.

Qu'on ne s'y méprenne pas, les entretiens et les réunions de groupe ne sont pas l'affaire d'autodidactes; les entretiens doivent être conduits par quelqu'un qui est au courant des mécanismes du transfert et du contre-transfert et qui contrôle parfaitement bien ses propres sentiments vis-à-vis des problèmes évoqués. Les réunions seront organisées par quelqu'un qui connaît les mécanismes de la dynamique des groupes et qui peut conduire le groupe dans une voie constructive; si l'animateur ne possède pas une telle compétence, le risque est grand de voir les réunions de parents se transformer en assemblées exclusivement revendicatrices, et le groupe devenir un poids mort au lieu d'être un organe de collaboration.

Comment peut-on concevoir cette collaboration si elle ne porte pas sur les matières scolaires ? C'est dans le domaine des acquisitions sociales et culturelles, dans l'ouverture sur le monde plus réel que celui des établissements de rééducation, que nous la voyons. Et nous sommes persuadées que dans cette optique-là, des parents bien soutenus, peuvent avoir une influence déterminante sur le devenir de leur enfant.

L'adolescence

L'adolescence marque pour la plupart des jeunes IMC la fin de la scolarisation élémentaire et le début d'une nouvelle étape qui sera sans doute la dernière avant l'entrée dans la vie d'adulte.

C'est par conséquent une période très importante de mises au point, où toute l'équipe de rééducation devra donner sa pleine mesure.

Nous expliquons dans le chapitre VII notre conception de la mise au point vocationnelle telle qu'elle doit se faire à ce moment; pour le moment nous n'envisagerons la période que sous l'angle du fonctionnement de l'équipe.

L'état d'esprit qui préside aux activités thérapeutiques et éducatives avec des adolescents est très différent de celui qui règne dans un établissement pour enfants plus jeunes.

D'une façon générale, on peut dire que l'adolescent IMC est arrivé à un moment où les jeux sont faits; sur le plan neuro-musculaire, la situation est stabilisée; s'il existe des troubles perceptifs ou des troubles du langage, ils n'évolueront plus; si l'IMC est un débile mental, il le restera.

Ce qui importe maintenant, c'est de voir les thérapies et l'éducation sous un angle essentiellement pratique.

Il ne s'agit plus de dire « Cet enfant est capable de marcher », ce qu'il faut, c'est qu'il apprenne à marcher le plus longtemps possible et le plus rapidement possible, à se déplacer en rue, à traverser la rue, à emprunter un moyen de transport, etc.

De même, si l'on a décidé que l'IMC continuerait des études, leur finalité doit être bien précisée. L'adolescent aura-t-il l'occasion d'exercer une profession qui nécessite certains diplômes ou bien faut-il lui procurer le plus de connaissances générales possible pour qu'il puisse s'occuper agréablement plus tard ?

L'orientation à donner aux activités sera décidée en commun à partir des informations fournies par l'ergothérapeute et le psychologue, qui auront été les chevilles ouvrières de la mise au point vocationnelle (voir chap. VII).

La communication portera sur les points suivants :

— L'adolescent IMC peut-il être orienté vers une activité compétitive, ou bien, vers un travail en milieu adapté, en milieu protégé, ou ne pourra-t-il avoir que des occupations non lucratives ?

— Quels sont les éléments du bilan qui sont positifs, négatifs irrémédiablement et négatifs mais améliorables.

C'est aux éléments négatifs mais améliorables que toute l'équipe devra s'attaquer. En d'autres termes, le travail de chaque membre de l'équipe consistera à fournir à l'adolescent IMC le maximum d'apprentissages directement utilisables, une présentation et un comportement aussi normaux que possible.

Quant au psychologue, sa tâche sera lourde à ce moment, tant auprès de l'IMC que de ses parents.

D'une façon tout à fait générale, tous les adolescents compliquent sérieusement le vie de leurs parents et l'adolescent IMC ne va certainement pas échapper à la règle; c'est pourquoi le psychologue continuera à avoir avec ses parents des entretiens ou des réunions en groupe.

L'adolescent devra également être soutenu; il doit pouvoir s'exprimer, interroger, manifester son inquiétude quant à son avenir professionnel, sentimental.

Nous attirons cependant l'attention sur le fait que, s'il est bon que l'adolescent IMC ait cette possibilité d'expression, il n'est pas souhaitable que le psychologue se montre directif quant aux solutions à adopter. Nous sommes d'avis que chaque adolescent doit trouver sa voie; qu'il doit lutter pour atteindre certains buts. Il n'est pas sain de lui mâcher la besogne ou de le prendre par la main pour le guider; tout ce qu'il faut, c'est qu'il se sente compris et non coupable d'oser entreprendre quelque chose.

CHAPITRE V

L'EXAMEN PSYCHOLOGIQUE

Est-il indiqué de pratiquer des examens psychologiques sur des enfants qui sont déjà soumis de par leur état de santé à un nombre souvent fort élevé d'investigations médicales ? Faut-il obliger les parents de ces enfants à subir la tension que suscite nécessairement ce genre d'examen, alors qu'ils sont déjà inquiets et traumatisés ?

Si la réponse est affirmative, et elle le sera, on peut se poser d'autres questions : quelle doit être l'ampleur de l'examen psychologique ? son orientation ? dans quel esprit doit-il se dérouler ? quelles méthodes va-t-on utiliser ? comment faut-il résoudre certains cas difficiles ?

Nous commencerons par affirmer qu'il faut examiner un enfant sous l'angle psychologique dès que le diagnostic d'infirmité motrice d'origine cérébrale a été posé et nous ajouterons qu'il est souhaitable que les examens soient répétés à des moments raisonnablement espacés au cours de la croissance de l'enfant handicapé.

Pourquoi ? En premier lieu, et sans nous attarder à cet aspect du problème, nous devons tenir compte d'un impératif qui n'est pas d'ordre scientifique mais bien administratif. Pour être admis dans l'une ou l'autre institution, un enfant IMC doit, du moins en Belgique, obéir à certains critères qui sont essentiellement exprimés en termes de quotient intellectuel. Cette exigence débouche d'ailleurs parfois sur des situations dont le ridicule n'échappera à aucun psychologue averti. C'est le cas par exemple lorsqu'on demande de produire le quotient intellectuel d'un enfant de 2 ans pour lequel les parents sollicitent l'admission dans un centre de rééducation.

La tâche du psychologue serait bien pénible s'il n'avait pas de meilleures raisons pour mesurer avec le maximum de précision la qualité du fonctionnement intellectuel et les caractéristiques de la personnalité de l'enfant IMC. Il y a heureusement d'autres motifs qui nous font préconiser l'application d'épreuves d'évaluation psychologique à ces enfants.

L'examen psychologique aura pour finalité primordiale de fixer des buts éducationnels réalistes et en même temps aussi élevés que possible pour le jeune handicapé. Le psychologue devra évaluer avec le maximum de précision les caractéristiques d'éducabilité, de compréhension, de motivation de son jeune client; il devra être capable de dresser un bilan objectif sans illusions inutiles et sans pessimisme paralysant, de manière à proposer des perspectives d'avenir aux parents et à l'enfant lui-même, s'il est plus grand.

Mais si la finalité primordiale de l'examen psychologique est bien celle que nous venons d'énoncer, le psychologue aura aussi pour tâche d'aider les éducateurs en les informant des caractéristiques psychologiques et de l'évolution de l'enfant de manière à ce qu'ils puissent utiliser les méthodes les plus adéquates pour atteindre les buts qui auront été fixés au départ. C'est pour cette raison que nous avons écrit que les examens psychologiques devaient être répétés de manière à permettre un contrôle constant de l'actif et du passif, des points forts et des points faibles, des progrès et des piétinements.

Quelques grands principes devront guider le psychologue lorsqu'il examinera un IMC. Nous allons tenter de les énumérer :

1.   Plus que jamais, il devra se garder d'utiliser exclusivement des tests et ceux-ci seront appliqués et interprétés en fonction de l'arrière-plan socio-culturel et expérientiel de l'enfant. Déjà avec l'enfant normal, nous sommes convaincus qu'il entre dans le résultat final obtenu à un test beaucoup plus que ce que laisse présumer son titre. Nous savons que les attitudes de l'enfant vis-à-vis de la situation d'examen, la tension émotionnelle qui constitue l'état quasi permanent de certains enfants, la qualité de la relation qui s'est établie entre le psychologue et l'enfant, le degré de familiarisation de l'enfant avec les méthodes de la psychologie moderne, peuvent influencer les résultats. Chez l'enfant IMC, tous ces facteurs jouent, mais beaucoup d'autres viennent s'y ajouter de telle sorte que l'interprétation des résultats obtenus à des épreuves soi-disant objectives devra se faire avec une extrême prudence et une très grande lucidité. Ainsi, il faudra soigneusement se garder de confondre incapacité et manque d'expérience, car il est bien évident qu'un échec dû au manque d'expérience est réparable tandis que celui qui résulte d'une incapacité ne l'est pas.

La qualité des motivations doit également être reconnue. Certains enfants IMC sont tellement entraînés à la facilité par leur milieu familial qu'il ne leur est presque plus possible d'agir volontairement en vue d'atteindre certains buts.

D'autres ont été traités comme des débiles incapables pendant tellement longtemps qu'ils finissent par ne plus rien tenter. Nous proposons d'appliquer la règle d'action suivante : il faut toujours accorder sa chance à un enfant dont on croit qu'il aurait pu répondre mieux s'il avait été placé dans un milieu matériellement ou affectivement plus favorable.

2. Pour apprécier la qualité des performances d'un enfant IMC, le psychologue devra se garder aussi bien d'une sévérité excessive (qui proviendrait de la comparaison exclusive avec les performances d'enfants non handicapés) que d'une indulgence trop grande qui l'amènerait à trouver des excuses chaque fois que l'IMC ne réussit pas à résoudre un des problèmes qu'on lui soumet. A cet égard, il nous faut discuter de la modification des consignes aux épreuves psychologiques.

Sur ce point le psychologue se montrera à la fois souple et scrupuleux. Il serait ridicule d'appliquer d'une manière rigide des limites de temps à un enfant qui présente de gros troubles de la manipulation et à qui on demande d'exécuter une construction en cubes. Ce qui importe, c'est évidemment qu'il soit capable de réaliser la construction. Mais au moment d'utiliser les informations fournies par les tests, il faut quand même toujours tenir compte des modifications que l'on a apportées lors de l'application. Ainsi il ne faut pas oublier qu'une épreuve présentée sous forme de « choix multiple » est plus facile qu'une épreuve sur le même sujet qui exige une réponse spontanée. Quant à la non-observation des limites de temps, il est certain qu'elle permet d'apprécier les potentialités réelles de l'IMC dans le domaine exploré, mais par ailleurs, le temps mis pour exécuter une tâche ne peut être négligé. Si un enfant IMC met plus de temps qu'un autre pour exécuter une tâche, il ne pourra pas terminer autant de travail qu'un enfant non handicapé en un temps donné; il risque aussi de se trouver souvent dans un état de tension désagréable à cause de la discordance entre sa vitesse de conceptualisation et sa vitesse d'exécution. Enfin, si l'examen psychologique est fait dans la perspective d'une orientation scolaire ou préprofessionnelle, l'écart entre les potentialités et le rendement devra être défini avec objectivité.

3. Une conversation avec les parents de l'enfant handicapé doit nécessairement faire partie de l'examen psychologique. Cette conversation apportera beaucoup d'informations au psychologue, mais il s'agit de préciser quelles sont les informations valides et quelles sont celles qui ont moins de chance de l'être.

Parmi les informations utiles à recueillir par le psychologue, nous placerons celles qui concernent les attitudes des parents vis-à-vis de l'enfant handicapé. S'agit-il de parents compréhensifs ? stimulants ? ou au contraire, s'agit-il de parents trop exigeants ou trop permissifs ? Veulent-ils vraiment aider l'enfant ou songent-ils avant tout à eux-mêmes ? Sont-ils susceptibles d'apporter une collaboration au travail de rééducation ou bien peut-on prévoir qu'ils dresseront des obstacles sur le chemin de cette rééducation ? Quelles relations essaient-ils d'établir entre l'enfant handicapé et ses frères et sœurs ? entre l'enfant handicapé et les enfants du voisinage ? Ont-ils honte de l'enfant ou au contraire l'acceptent-ils tel qu'il est ? Participe-t-il à la vie sociale de la famille ? L'emmène-t-on en visite ? en voyage?

Si le psychologue peut répondre à toutes ces questions après avoir parlé aux parents, il pourra mieux interpréter les résultats des épreuves qu'il fera passer à l'enfant.

Mais il est d'autres informations qui sont fournies par les parents : ce sont les informations relatives au comportement de l'enfant dans son milieu familial et plus particulièrement celles qui concernent ce qu'il est capable de faire.

Devant les difficultés qu'on rencontre souvent lorsqu'on examine un jeune IMC, on pourrait être tenté de se servir des déclarations des parents. On se dit que la situation de l'examen est artificielle, que l'enfant est peut-être intimidé, dérouté, inhibé; qu'après tout, les parents ont tant d'occasions de voir agir l'enfant, qu'ils peuvent par conséquent fournir des descriptions de son comportement qui cerneront de plus près la réalité. Or, il n'en est rien. Les parents sont des témoins très douteux lorsqu'il s'agit de décrire le comportement de leur enfant handicapé. Les parents exagèrent presque toujours; ou bien ils se sont installés une fois pour toutes dans l'idée que leur enfant est tellement handicapé, qu'il en devient totalement incapable d'agir et ceci a d'ailleurs comme conséquence que les parents font eux-mêmes pour l'enfant ce que celui-ci pourrait faire lui-même; ou bien les parents, incapables d'affronter la réalité pénible, réinventent véritablement un enfant plus acceptable que le leur. Notre expérience personnelle nous amène à dire que les fabulations portent principalement sur de prétendues capacités intellectuelles et talents divers.

Ceci nous conduit à formuler une deuxième règle : le psychologue n'attribuera jamais une caractéristique quelconque à un enfant IMC s'il n'a jamais eu l'occasion de l'observer lui-même. Bien entendu, ceci implique qu'il consacrera beaucoup de temps et déploiera beaucoup de patience lorsqu'il pratiquera un examen.

En conclusion, l'examen psychologique d'un jeune IMC est un travail difficile, délicat, de longue haleine, qui demande beaucoup d'initiative et de souplesse de la part du psychologue, beaucoup de patience comme nous l'avons déjà dit, beaucoup de modestie et une longue expérience.

Nous allons passer en revue quelques-unes des situations que l'on rencontre le plus fréquemment.

L'EXAMEN DES IMC
LEGEREMENT OU MODEREMENT ATTEINTS
DU POINT DE VUE MOTEUR,
CAPABLES DE PARLER D'UNE FAÇON INTELLIGIBLE
ET PRESUMES NORMAUX OU SUBNORMAUX
AU POINT DE VUE INTELLECTUEL

Le psychologue doit faire appel à toutes ses ressources pour analyser en finesse le comportement de ces IMC. En effet, le pronostic d'intégration sociale et professionnelle est bon pour autant qu'on leur applique des méthodes éducatives adéquates et le choix de ces méthodes devrait découler des résultats de l'examen psychologique.

Commençons par envisager *le cas où l'enfant a 7 ans ou plus*. Nous nous trouvons à l'âge scolaire; nous nous trouvons également dans la zone d'âge pour laquelle les tests de niveau intellectuel sont les plus valides, du moins en ce qui concerne le pronostic de la réussite scolaire. Comme nous avons affaire à des enfants qui pourront sans doute s'intégrer un jour dans la société des non-handicapés, nous devons commencer par les situer par rapport aux non-handicapés du même âge; c'est pourquoi nous pensons qu'il est bon de commencer l'examen par un test de niveau intellectuel et parmi tous ceux qui existent, nous avons en fin de compte retenu le Terman-Merrill [1]. Les épreuves en temps limité y sont en petit nombre, elles sont très variées, ce qui est susceptible de stimuler l'enfant, l'échec est moins directement perceptible que dans d'autres épreuves du même genre et il reste généralement suffisamment d'épreuves applicables à chaque âge lorsqu'on a tenu compte de certains handicaps de l'enfant.

Nous préférons le Terman-Merrill au Wisc pour plusieurs raisons. En premier lieu, la passation du Wisc est très longue et l'établissement d'un quotient intellectuel ne constitue pour nous qu'une toute petite partie de l'examen psychologique. Ensuite, les épreuves verbales sont fortement teintées d'éléments culturels et scolaires. Or, même quand un enfant est légèrement atteint, il est hautement probable que sa scolarité n'a pas été normale. Les épreuves de performance (comme nous l'avons vu dans le chapitre II) sont saturées en plusieurs facteurs et font intervenir plus précisément des facteurs d'analyse perceptive et de structuration spatiale. Comme nous comptons pousser l'exploration de la structure mentale dans ces directions au cours de l'examen, ces épreuves hybrides ne nous sont pas d'un grand secours. Enfin, la plupart sinon toutes les épreuves de performance se font en temps limité, ou du moins les étalonnages ont été établis avec des bonifications pour les réalisations particulièrement rapides.

Le quotient intellectuel une fois établi, il s'agit de pousser plus à fond le dépistage des troubles spécifiques dont souffre éventuellement le jeune IMC.

Pour construire un plan d'examen, nous nous sommes servi de ce que nous savons de la structure mentale de l'enfant IMC. Nous avons également tenu compte des observations faites dans les services de rééducation et qui portent sur des difficultés que rencontrent les jeunes IMC lorsqu'ils se trouvent placés devant certaines tâches.

Nous tenons à préciser que cette seconde partie de l'examen psychologique, la plus importante à nos yeux, ne doit pas nécessairement avoir lieu au moment où l'on rencontre un IMC pour la première fois. Si l'examen a pour but de décider de l'orientation de l'IMC vers l'un ou l'autre établissement de rééducation, la détermination du quotient intellectuel et le diagnostic de paralysie cérébrale suffisent. L'étude des troubles spécifiques éventuels va être très utile au personnel éducateur et l'examen pourra se faire au cours des premières semaines qui suivent l'installation de l'enfant. En procédant de la sorte, le psychologue pourra compléter le dossier de l'enfant non seulement à partir des tests qu'il lui fera passer, mais aussi en tenant compte des entretiens qu'il aura avec tout le personnel de l'institut. Ce procédé lui permettra éventuellement aussi de demander des examens complémentaires : il est bien placé pour noter des signes pathologiques discrets (examens de la vue et de l'ouïe, EEG...).

Schéma d'un examen des différents aspects du fonctionnement intellectuel [1]

1. *La capacité d'analyse perceptive.*

Pour apprécier dans quelle mesure l'enfant est capable de se débrouiller lorsqu'on lui présente un donné visuel complexe, nous lui montrons une *figure enchevêtrée* qui a été composée par Angré Rey. L'exploration systématique et la ségrégation sont les moments importants du travail. La nomination des figures isolées relève d'un niveau de connaissance très élémentaire puisqu'il s'agit de la représentation d'objets familiers.

2. *La capacité à organiser un tout à partir d'éléments séparés, les éléments obéissant à certaines relations à l'intérieur du tout.*

Le « *marbleboard test* » constitue un bon exemple de tâche qui fait uniquement appel à cette capacité.

[1] Pour ne pas alourdir l'exposé, nous ajouterons en annexe de ce chapitre un protocole complet d'examen ainsi que la description détaillée de quelques épreuves et les étalonnages que nous avons établis jusqu'à présent.

3. *L'aptitude à procéder à des éducations mentales de relations et de corrélations.*

Si nous nous référons aux analyses factorielles, nous constatons qu'il n'existe pas d'épreuve qui soit représentative de cette capacité exclusivement. En effet, les éducations de relations et de corrélations se font nécessairement à partir d'une base perceptive ou verbale.

Comme il s'agit par ailleurs d'un point important de l'examen — l'enfant qui possède une bonne capacité d'établir des relations et des corrélations est à même de compenser de nombreux et parfois graves dysfonctionnements dans d'autres secteurs — nous avons choisi trois épreuves qui ont le mérite d'être fortement saturées par le facteur qui nous intéresse et elles permettent une bonne observation de l'enfant. Il s'agit :

a) d'une épreuve d'*arrangement d'images* assez voisine d'un des sous-tests du Wisc;

b) d'une épreuve de *compréhension verbale*;

c) d'une épreuve de *classement de bâtonnets par ordre de grandeur décroissante.*

4. *Le niveau d'organisation spatio-temporelle.*

Il s'agit de voir comment l'enfant se débrouille lorsqu'il doit fournir plusieurs réponses dans un certain ordre et lorsqu'il doit les inscrire dans un certain espace. L'épreuve des « *commissions* » fait entrer en ligne de compte les rapports entre le corps et l'espace environnant; l'épreuve des « *labyrinthes* » permet d'apprécier les capacités d'anticipation et de planification.

5. *Les capacités d'apprentissage et de fixation mnésique.*

Il importe de savoir si l'esprit de l'enfant ne ressemble pas au tonneau des Danaïdes qui se vidait au fur et à mesure qu'on le remplissait; c'est pourquoi nous insistons beaucoup sur les possibilités de fixation et d'apprentissage, d'autant plus qu'un enfant IMC aura besoin, bien plus qu'un autre, d'emmagasiner des informations et de les conserver de manière à pouvoir les évoquer facilement sans avoir recours à des sources d'information qui ne lui sont pas toujours accessibles. Nous faisons passer aux enfants l'épreuve des *15 mots* d'André Rey et une sorte de *jeu de Kim*.

6. *Le rythme.*

La notion de rythme est considérée par tous les auteurs comme particulièrement importante en regard de l'apprentissage de la lecture. Il nous paraît souhaitable d'appliquer à l'enfant les *épreuves de Mira Stamback* [2].

7. *Les capacités verbales.*

Cette partie de l'examen se fera dans la mesure du possible en collaboration avec une logopède. Il faut préciser :
— l'étendue du vocabulaire (l'épreuve qui est incluse dans le Terman-Merrill peut suffire);
— l'aptitude à manipuler des concepts verbaux : le sous-test des « similitudes » du Wisc est un bon échantillon d'épreuve verbale qui est fortement saturée en facteur g;
— la compréhension verbale, déjà décrite;
— la compréhension d'un récit et la capacité d'en extraire les idées principales (deux épreuves du Terman-Merrill forme M — 8 ans et 10 ans).

8. Enfin, nous estimons que le psychologue doit s'informer auprès du personnel chargé de la rééducation au sujet d'un certain nombre d'aspects du comportement qui ne nous paraissent pas pouvoir être éclaircis à l'aide de tests.

Nous pensons spécialement :

— aux *troubles du schéma corporel* et aux *troubles de l'information proprioceptive*, qui sont tous les deux décelables au cours du travail kinésithérapique;

— de même, un certain nombre de *traits caractériels* doivent être observés et non testés; par exemple l'empan de l'attention, la persévérance et la persévération; le degré de motivation et le désir de bien faire; le découragement facile ou le perfectionnisme souvent anxiogène.

Le psychologue devra également essayer de savoir si l'enfant est optimiste ou pessimiste, s'il est d'humeur égale ou non, s'il est agressif et de quelle manière s'exprime son agressivité, s'il a peur et de quoi il a peur. C'est en intégrant toutes ces informations venant de sources diverses qu'il pourra enfin dire qu'il connaît le jeune IMC qu'on lui a confié.

Si *l'enfant à moins de 7 ans*, nous ne pouvons pas appliquer le plan d'examen que nous venons de décrire.

Nous devons partir du fait qu'au plus nous descendons en âge, au moins les examens que nous pratiquerons auront de validité. Déjà pour un enfant non handicapé, les épreuves appliquées pendant les premières années se montrent d'une validité très modérée; en ce qui concerne l'enfant IMC, la validité a tendance à se rapprocher de zéro.

Il reste qu'on peut examiner un enfant à partir de 3-4 ans à la condition qu'il ne soit pas trop sévèrement handicapé. Nous dirons toutefois sans ambiguïté que nous estimons que les conclusions d'un tel examen doivent toujours accorder à l'enfant le bénéfice du doute.

Voici comment nous procédons. Nous avons extrait de la batterie destinée à l'étude des praxies et des gnosies chez les enfants normaux [3] un certain nombre d'épreuves représentatives de chaque demi-année entre 3 et 6 ans. Le nombre des épreuves est variable, mais cela n'a pas d'importance, car cela permet un certain choix, compte tenu des handicaps de l'enfant. A partir des réussites et des échecs encourus par l'enfant, nous calculons un âge mental de la façon habituelle; nous complétons l'examen par une exploration du domaine verbal, en collaboration avec le service de logopédie et plus que jamais nous interrogeons les autres membres de l'équipe de rééducation pour parfaire notre information.

Pour la description détaillée de la batterie 3-6 ans, nous renvoyons le lecteur à la référence n° 3 signalée à la fin de ce chapitre.

L'EXAMEN DES IMC TRES GRAVEMENT ATTEINTS DU POINT DE VUE MOTEUR ET DE CEUX QUI SOUFFRENT DE HANDICAPS MULTIPLES

Si l'enfant a moins de 5-6 ans, il nous paraît inutile de le tester systématiquement. Il ne faut pas oublier qu'un tel enfant a été en général privé d'une manière dramatique d'expériences en tous genres. C'est encore un bébé que l'on porte dans les bras, qu'on laisse dans son lit et qui a pour tout horizon le plafond et les murs de la chambre, le visage de sa mère ou de ceux qui le soignent.

Devant ces cas, seule l'observation s'impose, par exemple au cours de l'examen médical. Le psychologue doit être à l'affût des indices de participation et de contact; il doit noter si l'enfant manifeste de l'intérêt pour ce qui se passe autour de lui, s'il essaie de capter par le regard, par des mouvements de la tête, par des contorsions, les informations qui lui parviennent. Il doit regarder si l'enfant est capable d'opérer une certaine différenciation entre les situations; s'il réagit différemment à un étranger ou à sa mère, ou s'il sourit ou hurle d'une manière continue, quelle que soit la personne qui le manipule. Le psychologue devra essayer d'apprécier la relation qui existe entre l'enfant et ses parents. Si l'enfant ne répond pas ou répond peu aux stimulations alors qu'il a des parents attentifs, affectueux, qui s'occupent beaucoup de lui, le pronostic est très sombre. Si au contraire les parents sont mal adaptés, distants, maladroits, indifférents, on ne pourra rien affirmer quant à l'état de l'enfant, car même si ce dernier manifeste peu d'intérêt pour ce qui se passe autour de lui, cela peut être le fait d'une carence affective plus que de son infirmité.

Si l'enfant est plus âgé, il est probablement resté inculte et encore une fois les tests seront de peu de secours.

Il faut bien admettre que la tâche qui consiste à examiner un enfant IMC qui cumule les troubles sensoriels, une grave atteinte motrice qui englobe les muscles de la tête, des membres inférieurs et de la phonation peut exciter l'ingéniosité du psychologue mais aussi le décourager par la pauvreté des résultats auxquels on peut prétendre.

Le nom de Berta Hausermann [4] restera attaché au problème de l'examen des enfants gravement et diversement handicapés. Entre autres réalisations, elle a construit un test constitué d'item auxquels l'enfant peut répondre de diverses manières, soit en montrant, poussant, touchant ou en utilisant le regard pour indiquer un choix; la production d'une réponse affirmative ou négative peut se faire par un sourire ou un froncement de sourcils. Les stimuli sont variés, colorés et intéressants; malheureusement, il n'existe pas à notre connaissance d'informations quant à la valeur pronostique de ces épreuves. Nous sommes d'avis qu'un tel matériel peut servir utilement à se faire une opinion qui restera nécessairement subjective.

Quelle stratégie faut-il adopter ? Prendre des risques et permettre à l'enfant de révéler éventuellement dans un milieu favorable, attentif et stimulant, ce dont il est capable.

Quand on se trouve devant un IMC dont les handicaps sont multiples et graves, toutes les astuces sont bonnes pour arriver à déceler quelles sont les fonctions relativement préservées mais il ne faut pas se bercer d'illusions. Des pertes sensorielles importantes combinées avec une privation sévère d'expériences motrices, sociales, culturelles, combinées avec des troubles de la communication, imposeront tôt ou tard des limites à la rééducation.

C'est pourquoi nous nous sentons obligés d'insister sur le fait qu'il faut agir avec prudence lorsqu'on a affaire à de très graves handicapés. Il ne faut pas oublier qu'il est plus pénible de voir se refermer une porte qui a été entrouverte que d'ignorer qu'il existe une porte. En d'autres termes, cela signifie que dans certains cas particulièrement graves, il peut être contre-indiqué d'éveiller l'enfant à un monde auquel il ne pourra finalement pas avoir accès d'une manière satisfaisante. Nous sommes aussi d'avis qu'on ne peut pas négliger la rééducation des enfants modérément handicapés mais susceptibles d'être récupérés en tentant le sauvetage plus que problématique de handicapés très gravement atteints. Il y a dans ce domaine à faire la part de l'efficacité et de sentiments humanitaires bien compris.

L'EXAMEN DE L'ENFANT IMC
PRESUME DEBILE MENTAL PROFOND

Jusqu'aux environs de la 6e année, nous acceptons de prendre de gros risques vis-à-vis de ces cas-là également.

Cela signifie que même si les apparences sont fort inquiétantes, nous préférons considérer comme éducable et prendre à l'essai un enfant dont les capacités nous paraissent de
mauvaise qualité, plutôt que de rejeter un enfant qui serait
éducable mais dont l'environnement n'a pas été à même de
révéler les potentialités.

Si l'enfant a plus de 6 ans et est suspect d'arriération
mentale importante, nous attaquons d'emblée l'examen par
le Terman-Merrill forme L ou bien par la batterie des
praxies et des gnosies à un âge de moitié moindre que l'âge
réel de l'enfant. Ainsi, à un enfant de 8 ans, nous commençons par appliquer les item de la batterie des praxies et
gnosies qui correspondent à l'âge de 4 ans. Ou bien, l'enfant
est capable de répondre correctement à ces item, et dans
ce cas, nous pouvons affirmer que le quotient intellectuel
est supérieur à 50 et nous poursuivons l'examen d'une
manière plus approfondie; ou bien, l'enfant n'est même
pas capable de résoudre ces item et à ce moment nous
pouvons être sûrs que le quotient intellectuel n'atteint pas
50. Dans ce cas, il ne nous paraît pas souhaitable de
poursuivre l'examen au moyen de tests. A nouveau, c'est
à l'observation que nous ferons appel, dans des situations
naturelles, afin de dépister les possibilités restantes d'éducabilité.

L'EXAMEN DE L'ENFANT IMC QUI NE PARLE PAS

Le problème se pose surtout au-delà de 6 ans; jusqu'à
cet âge, l'échelle des praxies et des gnosies peut être appliquée pratiquement en entier, sans utilisation du langage.

Au-delà de 6 ans, il n'est plus possible d'examiner un enfant à l'aide d'épreuves non verbales exclusivement, et, si on le fait, on n'obtiendra qu'une information fort limitée sur la qualité du fonctionnement intellectuel.

Parmi les enfants IMC qui ne parlent pas, il faut distinguer plusieurs groupes.

Il y a d'abord ceux qui sont atteints de dysarthrie plus ou moins grave; ces enfants sont capables de parler, mais il faut une certaine habitude pour comprendre ce qu'ils disent et il peut arriver que leur expérience les mène à préférer se taire et feindre d'ignorer une réponse plutôt que de se lancer dans un dialogue profondément décourageant. Nous dirons qu'un psychologue qui travaille avec des enfants IMC doit s'entraîner à les comprendre, quelles que soient les déformations qu'ils font subir aux mots. A la rigueur, il fera appel à un interprète; celui-ci peut être un camarade qui a l'habitude de bavarder avec le dysarthrique, ou, s'il s'agit d'un enfant qu'on voit pour la première fois, les parents joueront le rôle dans la mesure où ils manifestent un minimum d'aptitude à collaborer.

Une seconde catégorie est formée par les enfants IMC qui ne parlent pas parce qu'ils ont une grave perte auditive. Parmi ceux-ci figurent les enfants qui ont souffert d'un ictère nucléaire. De tels enfants seront examinés comme on examine un enfant sourd, et cette fois encore le psychologue doit être au courant des techniques spéciales relatives à ce genre d'examen et travailler en étroite collaboration avec le service de logopédie.

Enfin, parmi les IMC qui ne parlent pas, on trouve des enfants qui sont incapables de comprendre le sens des mots qu'ils entendent ou des mots qu'ils lisent et aussi ceux qui sont incapables d'évoquer les termes qui correspondent à certains concepts qu'ils connaissent par ailleurs. Il arrive que l'on désigne ces enfants sous l'expression « d'enfants aphasiques », bien que l'utilisation de ce dernier terme soit contestable. Les capacités intellectuelles réelles de ces enfants sont très difficiles à apprécier. En effet, on peut difficilement imaginer qu'un enfant qui ne comprend pas le sens des mots qu'il entend, qui n'est pas capable d'intégrer des informations sensorielles, puisse accéder à un système de représentation mentale élaborée. A partir d'un certain niveau de complexité, les relations et corrélations sont difficiles à concevoir en dehors du support d'un langage. De plus, il y a une corrélation étroite entre la présence des troubles aphasiques et des troubles praxiques et gnosiques, quand il s'agit d'enfants; tout au plus peut-on considérer que dans certains cas il y a atteinte plus ou moins importante de l'un ou de l'autre secteur. Quoi qu'il en soit nous émettons les doutes les plus sérieux quant aux possibilités de scolarisation poussée des enfants IMC qualifiés d'aphasiques.

Il nous reste à expliquer pourquoi nous n'utilisons pas certaines épreuves devenues pourtant des classiques en regard de l'examen psychologique des IMC.

1. Nous avons eu le souci d'écarter les épreuves qui, d'après l'analyse factorielle, se sont révélées fortement saturées en plusieurs facteurs différents. Dans ce cas, il n'est pas possible d'établir à partir des résultats obtenus par les sujets quel est l'état de l'une ou l'autre fonction bien précise. L'exemple le plus caractéristique est donné par l'épreuve des cubes de Kohs, où interviennent à la fois le facteur d'analyse perceptive, le facteur de structuration spatiale et le facteur d'éduction des relations et des corrélations sans compter la capacité à organiser une séquence de réponses motrices dans un certain ordre.

2. Nous avons également écarté les épreuves à partir desquelles il n'était pas possible de découvrir comment le sujet arrivait à la solution. Toutes les épreuves d'encas-

trement sont dans ce cas; on ne peut jamais dire si le sujet (quand il s'agit d'un handicapé moteur) a réussi à placer une pièce par hasard, après des tâtonnements systématiques ou après réflexion.

3. Quant à l'échelle de maturité mentale de Columbia [5], il s'agit d'une épreuve dont les auteurs disent qu'elles constitue un test de Q.I. idéal pour enfants IMC parce qu'elle demande peu de communication verbale. Toutefois, cette épreuve ne résiste pas à un examen critique tant soit peu approfondi.

Parmi les reproches principaux qu'on peut lui adresser figurent ceux-ci :

— l'arrangement des item tend à développer la persévération;

— les item qui exigent la détection de différences minimes entre des dessins ne sont pas indiqués avec des enfants dont beaucoup présentent des difficultés de discrimination visuelle;

— d'autres item font appel à des différences qui sont en fait des différences d'organisation figure-fond; or, nous savons qu'elle est souvent troublée chez les enfants IMC;

— notre expérience personnelle nous a de plus amenées à mettre en doute la valeur prédictive de l'échelle à partir du moment où nous avons pu constater qu'il n'y avait pas progressivité des notes lorsqu'on l'appliquait à des enfants normaux. De plus, une enquête auprès des enfants nous a montré que bon nombre de dessins étaient mal identifiés, parce que mal dessinés.

CONCLUSIONS

L'examen psychologique systématique de l'enfant IMC permettra d'atteindre les buts suivants :

1. Quand l'enfant est fort jeune : la valeur pronostique de l'examen sera pauvre mais grâce à lui on pourra préciser quels sont les secteurs où le retard est le plus marqué et par conséquent contribuer à l'établissement d'un plan de récupération pré-scolaire.

2. Quand l'enfant est plus âgé, l'utilité de l'examen psychologique se révèle double :

— la fixation du Q.I. fournit une bonne estimation des chances qu'aura l'enfant de s'intégrer dans une société normale, puisque les tests de Q.I. ont été construits pour des enfants qui vivent dans notre société et qui fréquentent l'école traditionnelle;

— la mise en évidence des troubles spécifiques permettra aux éducateurs d'adopter des lignes de conduite judicieuses.

Par exemple :

— Les troubles de l'analyse perceptive et de l'organisation spatio-temporelle sont, à notre avis, responsables d'une bonne partie des difficultés d'apprentissage des techniques scolaires : lecture, écriture, calcul. Leur présence doit inciter les responsables de l'enseignement à soumettre l'enfant à une période plus ou moins longue de rééducation spécifique antérieure au début de la scolarisation proprement dite.

— Les difficultés de raisonnement nous feront considérer l'IMC comme un vrai débile mental auquel conviennent les méthodes d'éducation propres à ce dernier.

— La possibilité d'organiser des séquences de réponses constitue la condition indispensable à la solution de problèmes complexes.

— Les possibilités mnésiques nous paraissent déterminantes, toutes choses étant égales par ailleurs, en regard du pronostic de scolarisation. Une page qui redevient blanche quel que soit l'acharnement qu'on met à la couvrir de signes équivaut à l'impossibilité d'augmenter les acquisitions.

— Le jeu des compensations se fait, mais pas dans toutes les directions. Ainsi, nous sommes d'avis qu'un facteur « raisonnement » de bonne qualité peut servir de compensation pour des troubles perceptifs ou spatiaux, mais s'il est déficient, l'impact des autres troubles sera particulièrement grave pour l'éducation.

De toute façon, ce qui constituera la pierre de touche du pronostic, c'est la qualité plus ou moins sthénique de la personnalité car si la volonté ne parvient pas à vaincre tous les obstacles, la passivité et l'asthénie réussissent certainement à faire échouer toutes les tentatives d'éducation.

ANNEXE

Examen des IMC âgés de 7 ans ou plus,
légèrement ou modérément atteints du point de vue moteur
et capables de parler de façon intelligible

1) Détermination du Q.I. par le Terman-Merrill forme L.
2) Examen de différents aspects du fonctionnement intellectuel.

La capacité d'analyse perceptive
(figure enchevêtrée de A. Rey)

On présente à l'enfant la planche qui figure sur la photo 1, pendant quatre minutes. Au moment où on montre la planche, on dit : « Regarde bien. On a dessiné sur cette planche toutes sortes de choses, seulement tous les dessins ont été faits les uns sur les autres. Tu vas bien regarder et tu vas essayer de reconnaître le plus d'objets possible. Chaque fois que tu auras reconnu quelque chose, tu diras ce que c'est et tu montreras où tu l'as vu. »

On note tout ce que dit l'enfant. On compte un point par forme désignée, que celle-ci soit bien ou mal vue.

Après quatre minutes, on arrête, même si l'enfant pense qu'il pourrait encore trouver d'autres formes.

La capacité à organiser un tout
à partir d'éléments séparés (Marble-board test)

On dispose de deux planches (30 + 30 cm) percées de 81 trous chacune (photo 2).

Sur une des deux planches, on reproduit à l'aide de chevilles (1 × 2 cm) de bois le premier dessin et on dit : « Tu vois, les deux planches sont exactement pareilles. Sur celle-ci, j'ai fait un dessin avec ces petits morceaux de bois. Tu vas faire le même dessin sur ta planche avec les petits morceaux de bois que voici. Il faut que le dessin soit exactement pareil au mien et placé de la même façon. »

On prend un croquis du dessin réalisé par l'enfant et on note la manière dont il a travaillé.

L'enfant doit reproduire successivement les quatre motifs ci-dessous :

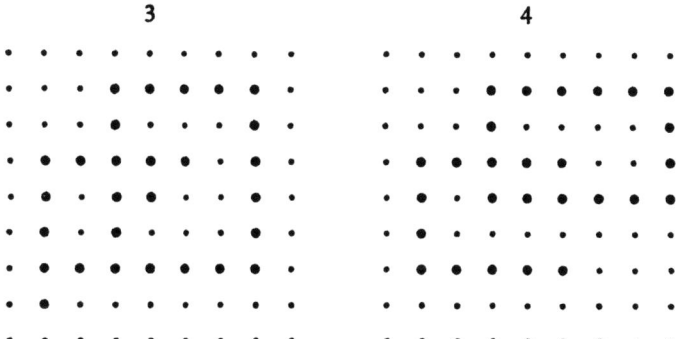

*L'aptitude à procéder à des éducations mentales
de relations et de corrélations*

Arrangement d'images (pour 7-8 ans) (photo 3); (au-delà, on utilise le sous-test du WISC).

Ce test est analogue à l'épreuve d'arrangement d'images du WISC avec la différence que l'histoire évoquée par les images est racontée à l'enfant avant qu'il ne soit invité à placer les images dans l'ordre correct.

On donne un exemple à l'enfant. On dit : « Ces images racontent une histoire : c'est l'histoire d'un monsieur qui va à la pêche. Il jette sa ligne dans l'eau (1), puis il attend (2), enfin le poisson mord et le monsieur le tire hors de l'eau (3). Arrange ces images pour qu'elles racontent cette histoire. »

Si l'enfant échoue, on lui indique l'ordre correct, puis on mélange la série pour qu'il exécute la tâche seul.

a) Le pommier : (4 images). Un homme regarde son pommier, il y voit beaucoup de pommes (1). Il va chercher une échelle (2), cueille les pommes (3) et repart avec son panier rempli (4).

b) Le pneu crevé : (4 images). C'est l'histoire d'un automobiliste qui crève un pneu de sa voiture (1). Il sort de sa voiture (2), change la roue (3), et repart quand le pneu est changé (4).

c) Le bonhomme de neige : (5 images). Il neige (1); un petit garçon fait un bonhomme de neige (2 et 3). Ensuite, il se bat avec ses petits camarades (4) et, en jouant, ils cassent le bonhomme de neige (5).

d) L'école : (6 images). Un petit garçon dort (1), sa maman vient le réveiller (2), il ôte son pyjama (3), se lave (4), prend son petit déjeuner (5) et part pour l'école (6).

e) L'arbre : (3 images). Nous sommes en automne (1); le vent souffle sur les arbres (2) qui perdent leurs feuilles (3).

Compréhension verbale

L'expérimentateur lit une phrase et l'enfant doit désigner la réponse parmi les quatre images qui figurent sur une bande cartonnée.

On dit : « Montre-moi l'image qui va avec l'histoire que je vais te raconter :

— Après qu'il s'est lavé la figure et qu'il a mangé son déjeuner, Jacques va à l'école en portant ses livres sous son bras.

— Deux hommes sont en train de porter le tronc d'un arbre qu'ils viennent d'abattre.

— Après qu'il a coupé l'herbe, papa se repose sous un arbre en fumant sa pipe (photo 4).

— Monique était devant la fenêtre et regardait tomber la pluie. Elle espérait qu'elle pourrait se promener dans la rue sous son parapluie.

Montre-moi l'image qui termine l'histoire que je vais te raconter :

— Si tu veux atteindre un livre placé sur l'étagère et que tu n'as pas d'échelle, tu peut utiliser une ...... (chaise)

— Marc est content quand l'hiver arrive car c'est le seul moment où il peut jouer avec son ...... (traîneau)

— Maintenant que Jean va à la grande école, il a tant à écrire que sa maman lui a acheté un ...... (bureau)

— Maman pense que ses fenêtres sont tellement plus jolies depuis qu'elle a acheté les nouveaux ...... (rideaux)

Montre-moi l'image qui répond à la question que je vais te poser :

— Quel appareil faut-il regarder pour pouvoir dire combien il fait froid ?

— Qu'est-ce qu'on utilise pour réveiller les soldats au matin ? »

Epreuve de classement

Il s'agit d'ordonner, de façon croissante, dix réglettes (de 2,25 cm^2 de section et de 1 à 10 cm de hauteur avec un intervalle constant de 1 cm entre elles) (photo 5).

On fait une sériation devant l'enfant avec cinq réglettes.

« Regarde, je prends le plus petit morceau, puis je mets à côté un morceau un peu plus grand, puis encore plus grand... » Continue la série avec les cinq autres réglettes. On laisse le modèle devant l'enfant.

Dans un second temps, on lui donne les 10 réglettes à sérier.

Organisation spatio-temporelle

a) *Sous-test des « labyrinthes » dans le Wisc.*

b) *Les commissions :*

L'enfant doit exécuter dix ordres. « Ecoute bien ce que je vais te dire, tu vas faire exactement tout ce que j'ai dit :

a) va jusqu'à la porte;

b) va mettre le livre sur la table;

c) va chercher la boîte qui est sur la chaise;

d) va mettre le crayon sur la fenêtre puis tu mettras la boîte en dessous de la chaise;

e) mets la boîte sur la table et mets-toi devant la table;

f) mets le crayon entre le livre et la boîte et va à la porte en passant derrière la chaise;

g) mets la boîte devant la porte, le livre sur la chaise et va à la fenêtre;

h) passe entre la chaise et la table et va à la fenêtre. Reviens en prenant le livre qui est sur la table;

i) va mettre la boîte à gauche du livre qui est sur la table;

j) va prendre le livre sur la table, porte-le sur la fenêtre et va devant la porte en passant à gauche devant la chaise. »

Capacité d'apprentissage et de fixation mnésique

a) Les 15 mots de A. Rey.

b) Le Kim.

a) 15 *mots :* liste utilisée : tambour, rideau, ceinture, café, école, parent, soleil, jardin, casquette, paysan, moustache, dindon, couleur, maison, rivière.

Consigne : « Je vais te lire une série de mots. Tu vas bien écouter, et quand j'aurai terminé, tu me diras tous les mots que tu as retenus. Tu ne dois pas les dire dans l'ordre, tu dois seulement essayer de me dire le plus de mots possible, comme ils te viennent à l'esprit. »

Lire les 15 mots; « tu as entendu ces mots, essaie de me dire le plus de mots possible. »

« C'est bien. Tu as retenu ...... mots, maintenant tu vas essayer de m'en dire plus. Je vais les relire et du me diras de nouveau tous les mots que tu as retenus; tu me diras ceux que tu as dit la

1re fois puis d'autres, des nouveaux. Essaie de me dire le plus de mots possible, comme ils te viennent à l'esprit. »

Cinq passations successives avec la même consigne.

Si l'enfant répète deux fois le même mot, on lui dit : « Tu l'as déjà dit. »

On note les mots faux sans commentaires.

On établit une courbe d'apprentissage et on calcule le nombre total de mots retenus en 5 lectures.

b) *Kim :* « Regarde bien dans la boîte. Il y a toutes sortes d'objets dedans. Nous allons les regarder ensemble. Fais bien attention car après je te demanderai ce qu'il y avait dans la boîte. »

On sort un à un les objets suivants (miniatures) : poupée (1), tasse (2), fourchette (3), crayon (4), cube (5), clé (6), pièce de monnaie (7), balle (8), peigne (9), mouchoir (10), gomme (11), cigarette (12), boîte d'allumettes (13), cuiller (14), bille (15). On les dispose devant l'enfant dans l'ordre indiqué ci-dessous :

11	12	13	14	15
6	7	8	9	10
1	2	3	4	5

et on lui demande de nommer les objets (photo 6).

« Regarde bien tous les objets qu'il y a devant toi, car je vais les cacher et te demander ce qu'il y avait. »

Laisser regarder pendant 30 secondes puis cacher avec le couvercle de la boîte. Noter les objets évoqués, procéder comme pour les 15 mots avec les doubles et les faux.

2e et 3e présentations des objets - Montrer chaque fois les objets un à un et les faire nommer - L'enfant peut regarder ensuite pendant 30 secondes - Cacher - Recommencer.

« Tu vas essayer de me les nommer tous. Essaie de ne pas en oublier. »

On calcule le nombre total d'objets évoqués.

Rythme

Appliquer les trois tests de Mira Stambak. (Voir référence 2).

QUELQUES ETALONNAGES PROVISOIRES

Figure enchevêtrée (nombre d'objets identifiés)

Note	Signification	Jusqu'à 10 ans	Plus de 10 ans
1	Très mauvais	0 - 10	0 - 10
2	Mauvais	11 - 14	11 - 18
3	Moyen	15 - 19	19 - 26
4	Assez bon	20 - 26	27 - 36
5	Bon	⩾ 27	⩾ 37

Marble-board test (4 planches)

Note	Signification	
1	Echec total	Valable
2	Trois erreurs sur les 4 planches	à partir
3	Deux erreurs sur les 4 planches	de 7 ans
4	Correct - avec efforts	
5	Correct sans effort	

Arrangements d'images
(5 séries pour 7-8 ans / 6 séries dans le Wisc)

Note	Signification	7-8 ans	Note standardisée au Wisc (plus de 8 ans)
1	Très mauvais	0-1 sur 5	0 - 4
2	Médiocre	2 sur 5	5 - 7
3	Légèrement inférieur	3 sur 5	8 - 9
4	Moyen	4 sur 5	10 - 11
5	Supérieur	5 sur 5	12 - 20

Compréhension verbale (10 item)

Note	Signification	7-10 ans	Plus de 10 ans
1	Très mauvais	0 - 4	6
2	Médiocre	5 - 6	7
3	Légèrement inférieur	7	8
4	Moyen	8 - 9	9
5	Supérieur	10	10

Epreuve de classement (10 éléments)

Note	Signification	
1	Erreurs non corrigées ou moins de 5 éléments classés	
2	2 erreurs corrigées (pas spontanément)	Valable
3	1 erreur corrigée (pas spontanément)	à partir
4	Classement correct avec hésitations	de 7 ans
5	Classement correct fait rapidement	

Epreuve des labyrinthes (WISC)

Note	Signification	Note standardisée sur 20	
1	Très mauvais	0 - 4	
2	Médiocre	5 - 7	Valable
3	Légèrement inférieur	8 - 9	à tous
4	Moyen	10 - 11	les âges
5	Supérieur	12 - 20	

Epreuve des commissions

Note	Signification	Note sur 10	
1	Très mauvais	0 - 3	
2	Médiocre	4 - 5	Valable
3	Légèrement inférieur	6 - 7	à partir
4	Moyen	8 - 9	de 7 ans
5	Supérieur	10	

Epreuve des 15 mots de Rey
(nombre total de mots retenus sur 75)

Note	Signification	7-8 ans	9-10 ans	A partir de 11 ans
1	Très mauvais	< 34	< 46	< 50
2	Médiocre	34 - 38	46 - 51	50 - 53
3	Légèrem. inférieur	39 - 44	52 - 54	54 - 56
4	Moyen	45 - 52	55 - 58	57 - 60
5	Supérieur	> 52	> 58	> 60

Le Kim (nombre total d'objets évoqués sur 45)

Note	Signification	A partir de 7 ans
1	Très mauvais	moins de 20
2	Médiocre	20 - 24
3	Légèrement inférieur	25 - 29
4	Moyen	30 - 35
5	Supérieur	plus de 35

Epreuves de rythme (Mira Stambak)

Note	Signification	Reproduction des structures (21)		Compréhension du symbolisme > 10 ans
		< 10 ans	> 10 ans	
1	Très mauv.	< 6	< 9	Ne comprennent pas
2	Médiocre	6 - 7	9 - 11	Comprennent avec beaucoup d'explications et font toujours des fautes
3	Légèrem. inférieur	8 - 10	12 - 14	Comprennent avec beaucoup d'explications
4	Moyen	11 - 13	15 - 17	Comprennent avec quelques explications
5	Supérieur	> 14	> 18	Comprennent sans explications

FICHE D'EXAMEN POUR IMC
AGES DE PLUS DE 7 ANS

Nom : .... Date de naissance : ....

Date de l'examen : .... Examinateur : ....

Vérification des notions de base :

Les item de 5 ½ ans et de 6 ans de l'échelle des praxies
et gnosies sont réussies : oui / non.

Remarques :

Q.I. au Terman-Merrill forme L :

Remarques :

	Note					
	1	2	3	4	5	Remarques
Figure enchevêtrée	·	●	·	·	·	
Marble board test	·	●	·	·	·	
Arrangement d'images	·	·	●	·	·	
Compréhension verbale	·	·	·	●	·	
Epreuve de classement	·	·	·	●	·	
Labyrinthes	·	●	·	·	·	
Commissions	·	●	·	·	·	
Apprentissage de 15 mots	·	·	·	●	·	
Kim	·	·	·	●	·	
Rythme	·	·	●	·	·	

Dispositions caractérielles.

REFERENCES CITEES

[1] F. CESSELIN, Comment évaluer le niveau intellectuel (Adapt. française du test Terman-Merrill, 1937). Editions Bourrelier-Paris.

[2] MIRA STAMBAK, Trois épreuves de Rythme. Manuel pour l'examen psychologique de l'enfant. Fasc. 3. Delachaux et Niestlé, 1964.

[3] ROBAYE et al, Approche corrélationnelle du développement des gnosies et des praxies chez l'enfant de 2 à 8 ans. J. neur. Sc., 5, 1967.

[4] B. HAUSSERMANN, « Evaluating the Developmental Level of Cerebral Palsy Preschool Children », J. gen. Psychol., 80, 1952.

[5] B. B. BURGEMEISTER, L. H. BLUM et I. LORGE, Manual, Columbia Test of Mental Maturity (Yonkers-on-Hudson, N.Y. : World Book Co, 1954), p. 1.

REFERENCES GENERALES

M. J. BERKO, « The measurement of Intelligence in Children with C.P. : The Columbia Mental Maturity Scale, » J. Pediat., 47 (1955).

H. V. BICE, « Psychological Examination of the Cerebral Palsied », Exceptional Children 14 (1948).

B. B. BURGEMEISTER et L. H. BLUM, « Intellectual Evaluation of a Group of Cerebral Palsied Children », Nervous Child, 8, 1949.

G. DEAVER, Cerebral Palsy: Methods of Evaluation and Treatment, Rehabilitation Monograph IX. New York : The Institute of Physical Medicine and Rehabilitation, 1955.

E. KATZ, « A method of Selecting Stauford-Binet Intelligence Scale test Items for Evaluating the Mental Abilities of Children Severely Handicapped by C.P. » Cerebral Palsy Rv. 17, 1956.

E. G. RICHARDSON et F. J. KOBLER, « Testing the C.P. » Except. Child (1954) vol. 12.

E. TAYLOR, « Psychological Appraisal of Children with Cerebral Defects » Harvard Univers. Press, Cambridge Mass (1959).

CHAPITRE VI

L'ECOLE

Nous allons développer dans ce chapitre notre conception de ce que doit être l'éducation d'un jeune IMC; une éducation qui forme un tout avec les différents traitements qu'on applique à l'enfant pour atténuer ses troubles moteurs mais également tous les troubles associés dont il peut être atteint; une éducation dont le but est de faire du jeune IMC un adulte aussi équilibré, aussi indépendant et aussi cultivé que possible.

De ce préambule découlent un certain nombre de considérations.

Les enfants atteints de troubles mineurs doivent faire l'objet d'une attention particulière, faute de quoi ils constitueront le gros des effectifs de cancres et inadaptés scolaires qui redoublent leurs classes à plusieurs reprises au cours de la scolarité et deviennent secondairement des caractériels et des inadaptés sociaux.

Les IMC intelligents mais gravement atteints du point de vue moteur ne peuvent être entravés dans leurs acquisitions intellectuelles. Il faut que les techniques modernes viennent à leur secours pour leur permettre d'étudier sans que les handicaps moteurs altèrent leur rendement.

Pour les enfants handicapés à la fois physiquement et mentalement, la sagesse impose l'abandon des préoccupations scolaires habituelles au profit de l'apprentissage de certaines habitudes personnelles et sociales qui allégeront ultérieurement la vie du handicapé et de son entourage.

Nous devons rencontrer le problème du coût exorbitant d'un traitement complet; on peut y répondre par les arguments suivants :

— l'énorme majorité des enfants atteints de troubles mineurs peuvent réintégrer d'une manière totale la société des gens actifs et productifs si on leur donne un traitement approprié et si on s'occupe de leurs troubles. Dans le domaine des troubles d'origine cérébrale, le laisser-faire n'est jamais une bonne solution;

— parmi ceux qui sont modérément atteints, un grand nombre pourront mener une vie active du point de vue professionnel, à condition que l'on ait fait preuve de réalisme dans le choix du métier;

— quant aux handicapés intelligents, il y va de la dignité de la société qu'ils puissent passer leur vie de façon agréable en continuant à se cultiver, en se passionnant pour des activités d'ordre intellectuel ou artistique. Si un IMC gravement handicapé possède des ressources dans ces domaines, il pourra mieux surmonter les innombrables frustrations qui l'assailleront sa vie durant, il pourra sublimer ses tendances et les besoins restés non satisfaits. Donner à un IMC gravement atteint un bon équipement culturel, c'est lui permettre de mener une vie d'homme au sens le plus élevé du terme, même si physiquement il n'est qu'une épave.

1

2

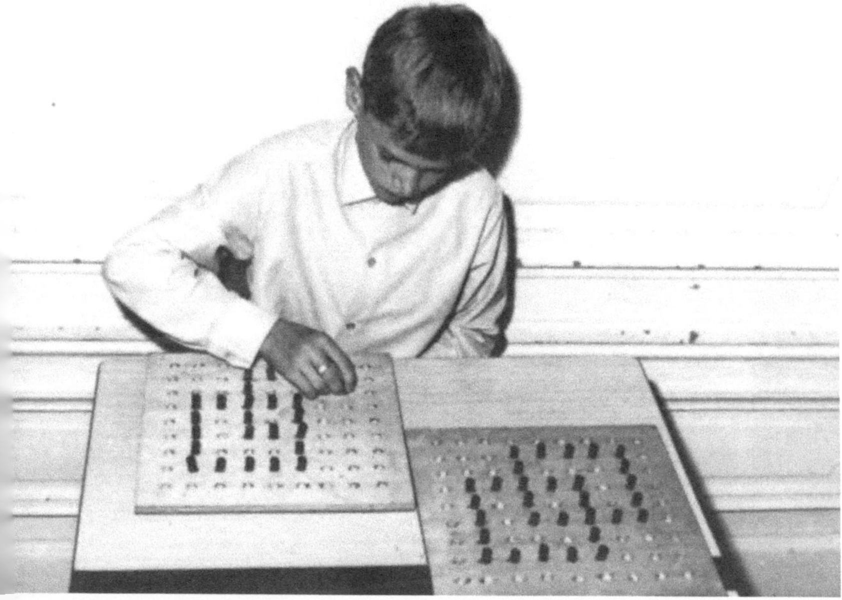

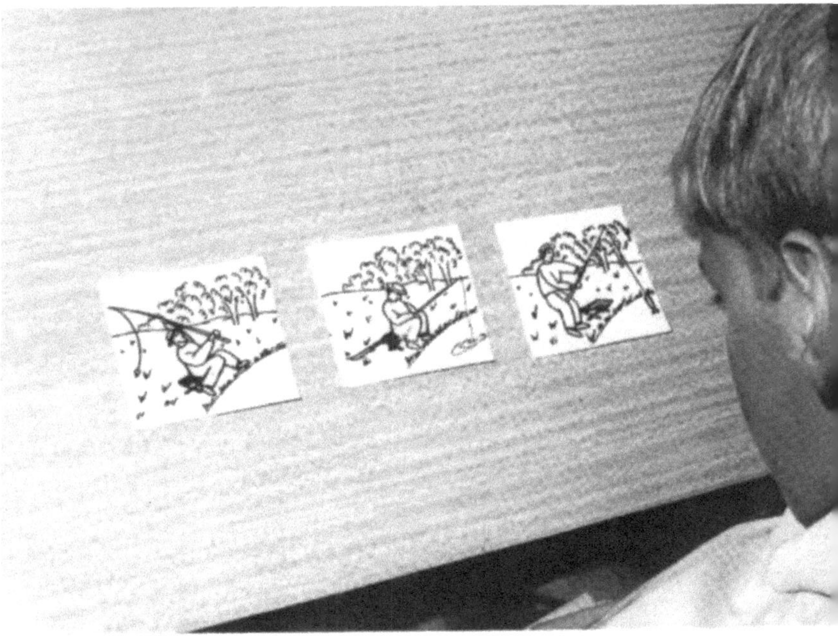

3

4

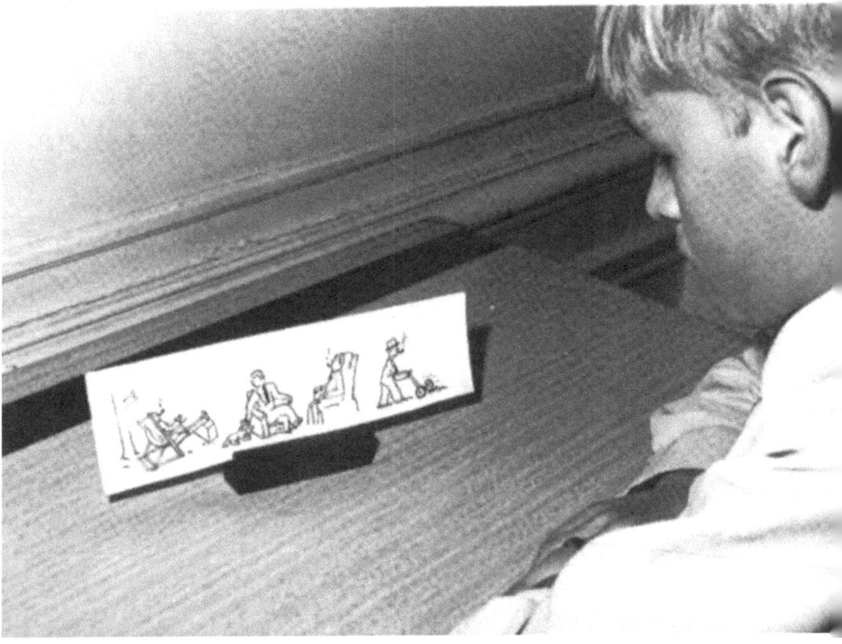

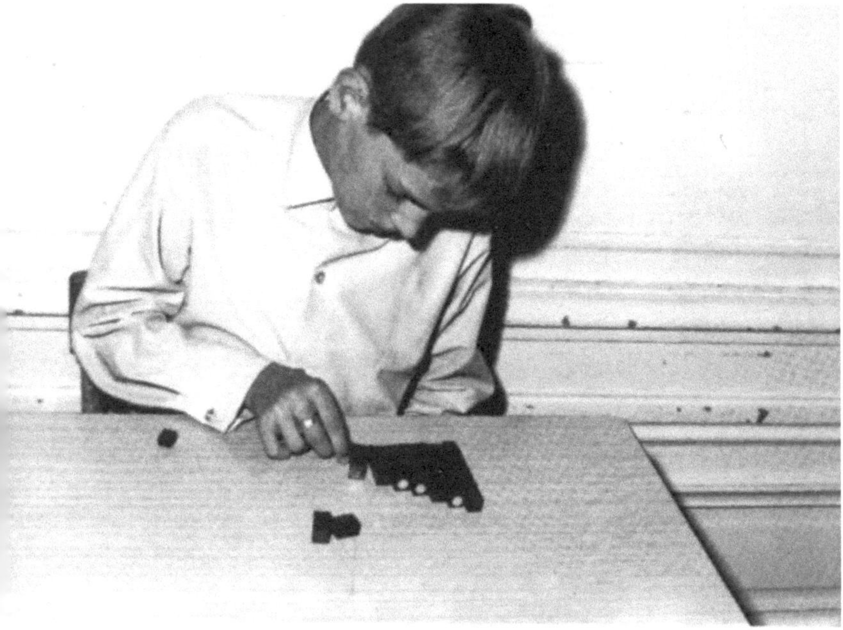

5

6

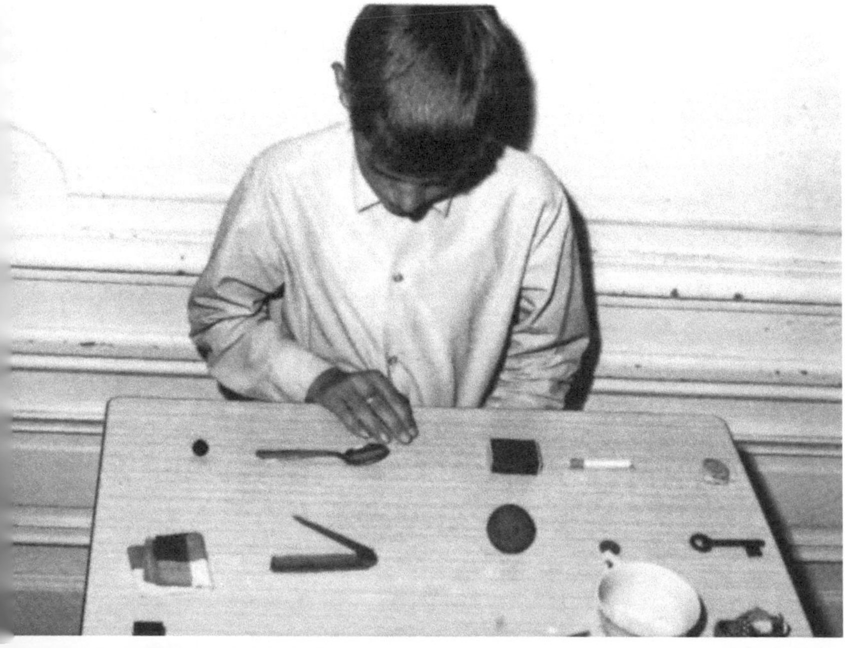

7

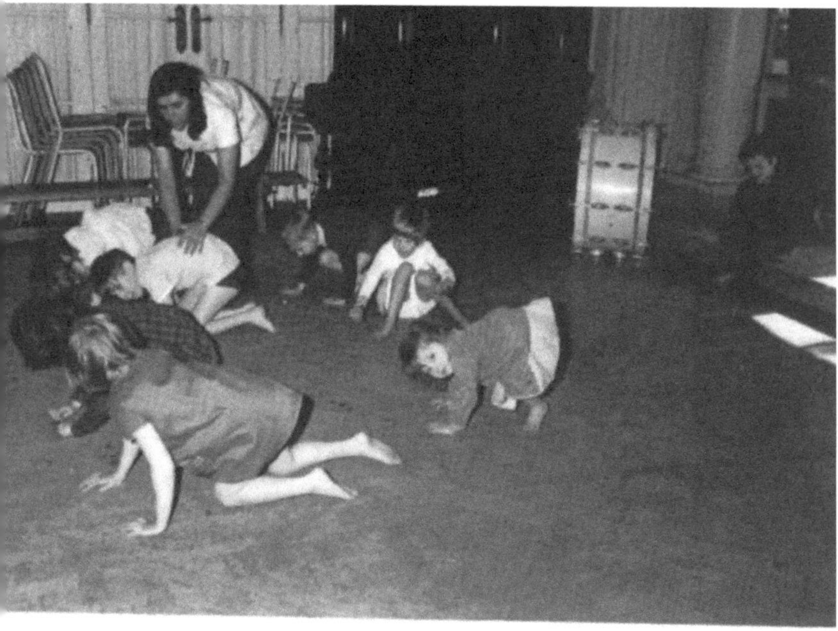

LES PETITS : La préparation à l'école primaire ... et à la vie. 8

9

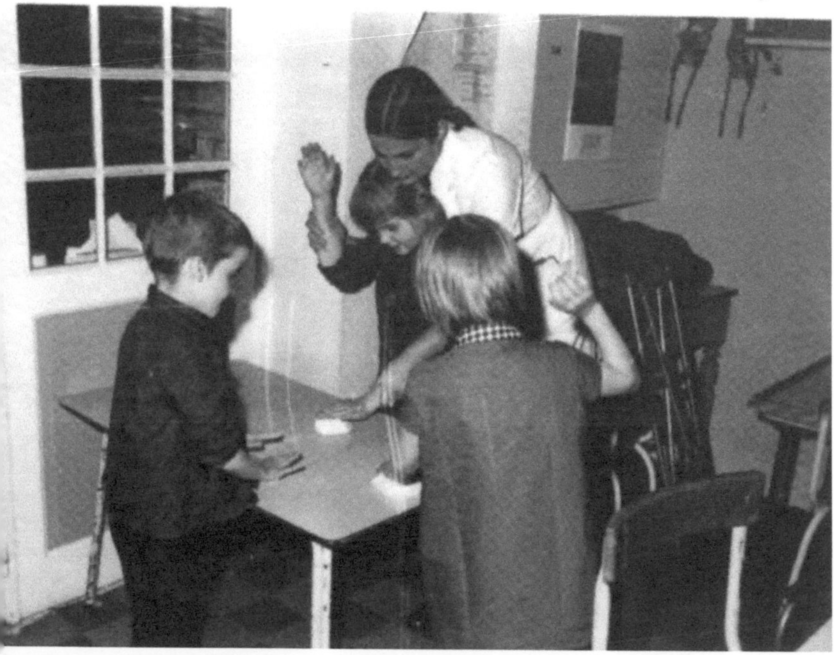

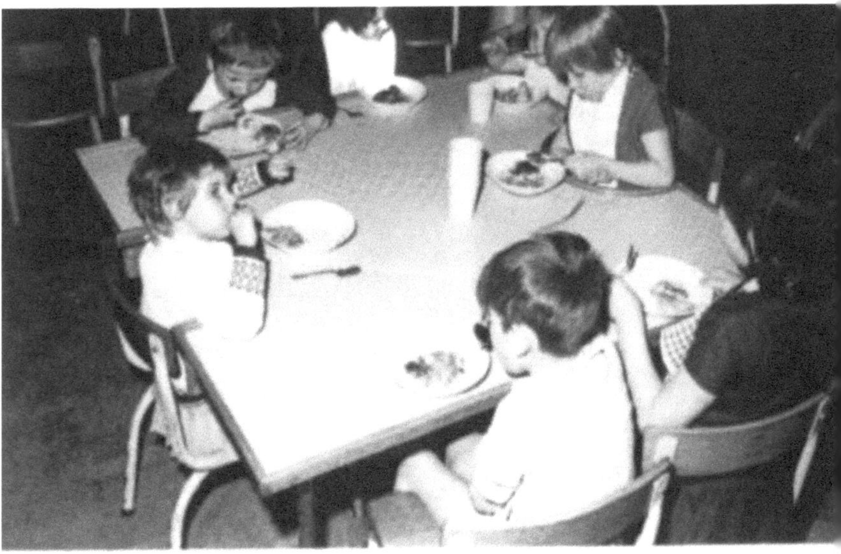

10

11

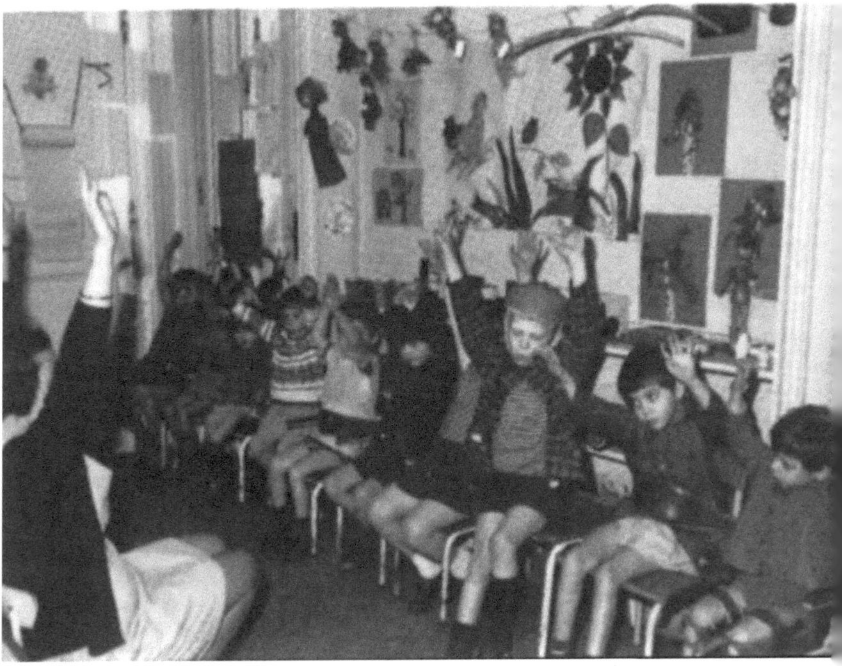

LES CLASSES.
Enseignement primaire individualisé.

12

13

Enseignement secondaire.

14

Le " studio " des adolescents.

15

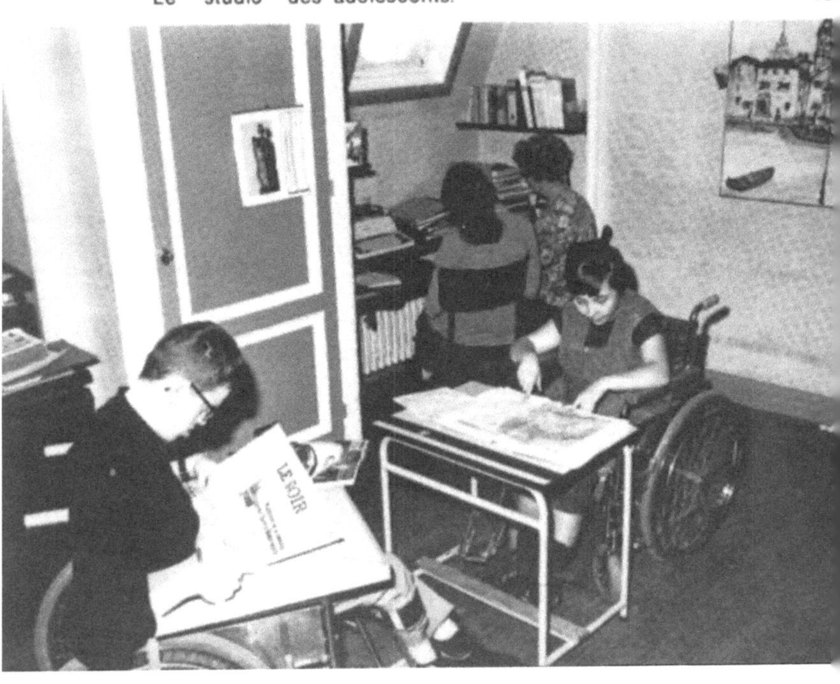

Quels sont les principes qui doivent sous-tendre l'éducation d'un enfant IMC ?

1. L'éducation du jeune IMC doit être hautement individualisée : il n'y a pas de formule passe-partout. En un temps où la pédagogie considère que les matières à enseigner ne représentent plus des potions que toute une classe doit absorber à la même vitesse et préconise l'adoption d'une attitude différentielle, chaque enfant pouvant adopter un rythme personnel et atteindre des réalisations qui sont en accord avec ses potentialités réelles, il serait absurde de procéder autrement avec des jeunes IMC. L'individualisation des objectifs et des méthodes sera d'ailleurs d'autant plus poussée que les enfants IMC diffèrent non seulement par leurs capacités d'apprentissage mais également par la gravité de leurs troubles moteurs et par la présence de troubles associés divers.

2. L'éducation du jeune IMC doit être réaliste. Le réalisme consiste avant tout à voir l'enfant tel qu'il est et non tel qu'on souhaiterait qu'il soit. Si on minimise les handicaps, on oblige l'enfant à affronter à armes inégales des enfants moins atteints que lui; dans ce cas, il perdra peu à peu sa confiance en lui, se découragera et développera des caractéristiques secondaires d'insatisfaction et de frustration.

Si au contraire on accuse trop les déficiences, on en vient à oublier que l'enfant handicapé doit établir malgré tout et dans toute la mesure du possible des relations avec son entourage, acquérir un certain nombre de notions indispensables à la vie en société, faute de quoi il mènera plus tard une vie quasi végétative et misérable.

On entend parfois dire que pour faire du bon travail avec des enfants handicapés, il faut uniquement se préoccuper de ce qu'ils sont capables de faire en négligeant les déficiences.

Nous admettons volontiers qu'il était nécessaire de corriger des attitudes pessimistes et fixistes qui avaient pour effet de freiner bien des initiatives dans le domaine de l'éducation des handicapés, mais comme nous l'avons déjà dit dans le chapitre II, certaines déficiences imposent tôt ou tard des limitations dans les études.

Il en va certainement ainsi pour les troubles du langage et aussi les troubles de la fixation et de la mémorisation. Par ailleurs, il est évident qu'un IMC atteint d'une très grave athétose ne pourra pas exercer certaines activités, même si ses capacités intellectuelles le lui permettaient.

Le réalisme consiste à tenir compte à la fois des points forts et des faiblesses de l'enfant et à l'orienter vers des activités où il ne rencontrera pas trop de frustrations.

Vouloir maintenir à tout prix un enfant IMC dans une voie où les obstacles se révèlent infranchissables constitue en fin de compte une mauvaise action. Tout le monde, y compris l'enfant, s'épuise dans des efforts qui ne conduisent qu'à de bien maigres résultats et les apprentissages péniblement acquis ne pourront pas être utilisés plus tard. Le temps consacré à poursuivre des buts irréalistes peut être plus utilement employé à apprendre ce que l'enfant est capable d'assimiler et ce qui pourra lui servir quand il sera devenu adulte.

3. L'éducation du jeune IMC doit se caractériser non seulement par son réalisme mais par une très grande souplesse et un pragmatisme jamais pris en défaut.

Les plans définis une fois pour toutes, la rigidité dans l'approche des problèmes, les généralisations hâtives devront être prohibées à tout prix.

Sans doute un programme d'éducation devra-t-il être établi le plus tôt possible dans ses grandes lignes; il tiendra compte des éléments suivants : le niveau intellectuel, la gravité du handicap moteur, la qualité de l'équipement sensoriel et du langage, la nature et l'importance des troubles associés, la qualité de la stabilité émotionnelle, la tonalité des attitudes familiales vis-à-vis de l'enfant et de son handicap et les attitudes de l'enfant lui-même vis-à-vis de sa situation. Mais la validité des examens d'un enfant très jeune n'est pas élevée et des erreurs de diagnostic sont toujours possibles; la situation familiale de l'enfant peut évoluer et influencer son comportement; certains troubles peuvent devenir des entraves à un âge donné alors qu'ils ne l'étaient pas quelques années plus tôt; le tableau physique lui-même peut évoluer et échapper dans une certaine mesure au contrôle des thérapeutes.

C'est pourquoi l'enfant IMC doit faire l'objet de mises au point répétées tout au long de sa période de croissance physique et psychique — des délibérations auront lieu plus spécialement lorsque certains problèmes se posent dans l'un ou l'autre secteur, quand des difficultés, des stagnations ou des régressions sont signalées.

Dans l'éducation d'un jeune IMC, il faut pouvoir reconnaître qu'on a fait fausse route. D'après notre expérience personnelle, chaque fois qu'après avoir mûrement étudié un cas, nous avons conseillé un changement d'orientation, nous avons pu nous en réjouir par la suite. Chaque fois l'enfant a recommencé à progresser dans ses apprentissages et dans son cheminement vers la maturité.

Il va sans dire que si une réorientation s'avère nécessaire elle doit être soigneusement préparée tant auprès des parents que de l'enfant lui-même. Le changement sera présenté comme une mesure positive qui vise à assurer un meilleur avenir à l'enfant et le psychologue prêtera la plus grande attention aux sentiments de dévaluation qui peuvent se manifester chez l'enfant et chez les parents.

4. L'éducation d'un jeune IMC doit former un tout cohérent. Rien n'est plus nocif à nos yeux que le cloison-

nement entre les différentes activités qu'on impose dans un établissement pour handicapés. Les traitements, l'instruction, l'éducation doivent s'interpénétrer, être réalisés par une équipe avec un maximum de coordination comme nous l'avons montré dans le chapitre IV.

COMMENT CHOISIR UN PROGRAMME D'EDUCATION ?

Nous allons examiner un certain nombre de formules et en discuter les avantages et les inconvénients. Il reste que la décision finale pour un enfant donné sera encore conditionnée pour longtemps par les possibilités locales; il ne faut pas perdre de vue que les régions sont très inégalement équipées et bien souvent encore, le possible se situe en deçà du souhaitable.

L'école traditionnelle

De nombreux auteurs préconisent cette formule pour les enfants légèrement atteints, en affirmant qu'ainsi l'enfant sera mêlé aux valides, pourra se comparer à eux et apprendre ce qu'est la vie réelle en société.

Pour notre part, nous assortissons ces considérations de quelques restrictions. Pour que la formule soit satisfaisante, plusieurs conditions doivent être remplies. Les classes doivent être peu peuplées de façon que le maître puisse dépister très précocement les difficultés particulières que peut rencontrer l'enfant IMC; le maître doit avoir une attitude ouverte, c'est-à-dire qu'il doit être capable d'admettre que certains comportements inadéquats de l'enfant IMC sont dus à son état physique et non à sa médiocrité intellectuelle, sa mauvaise volonté, sa paresse ou sa méchanceté; enfin, il ne peut verser ni dans l'indulgence condescendante et quelque peu méprisante, ni dans un rigorisme égalitaire.

Quant aux parents, il faut qu'ils se montrent compréhensifs, qu'ils soient attentifs aux difficultés rencontrées par l'enfant, qu'ils soient prêts à lui donner une aide extérieure si les difficultés deviennent trop importantes et ne fassent pas de reproches à l'enfant pour des comportements qui échappent à sa volonté. Enfin, l'enfant lui-même doit posséder une bonne résistance à la frustration, être sûr de l'estime et de l'affection de ses parents; il ne doit être ni sensitif ni trop facilement perturbé par un échec.

Si on en juge par cette énumération, il devient clair que la formule que nous examinons pour le moment ne doit pas être retenue très souvent.

Notre expérience nous a donné la conviction qu'un enfant IMC qui a passé plusieurs années dans une école pour enfants valides où il a connu une suite d'échecs, bénéficie d'une manière spectaculaire du placement dans une classe spéciale pour enfants IMC; il est plus rassurant et plus confortable pour un enfant d'être le moins handicapé dans un groupe d'enfants plus atteints que d'être le seul handicapé dans un groupe de valides. Par ailleurs, du point de vue de l'expérience sociale, un tel enfant qui n'a souvent connu qu'un monde hostile et frustrant, découvre un milieu dont les contacts peuvent être formateurs et enrichissants. Enfin, si l'enfant IMC présente des troubles associés à côté de légers troubles moteurs, ceux-ci seront identifiés et traités dans un établissement spécialisé alors qu'ils risquent d'être pris pour de la médiocrité intellectuelle

ou des troubles caractériels dans une école pour enfants
« tout-venant ».

Les classes spéciales annexées aux écoles traditionnelles

Dans cette formule, l'enfant va à la même école que les
enfants du voisinage, ce qui peut plaire aux parents, mais
dès qu'il a franchi le seuil de son école, sa situation n'est
guère enviable.

Il n'y a pas d'interprétation réelle entre les groupes de
handicapés et les groupes d'enfants valides. Les récréations
se font séparément pour des raisons de sécurité; les maîtres
ne sont pas les mêmes; par ailleurs, l'organisation générale
de l'établissement est conçue pour la majorité, c'est-à-dire
pour les valides. La ségrégation de fait existe donc et elle
risque d'être d'autant plus douloureuse qu'il y a cohabitation.

Enfin, il est peu probable qu'avec une telle formule,
l'enfant IMC reçoive tous les traitements dont il a besoin.

Les établissements spécialisés

C'est dans des établissements conçus spécialement pour
eux que les enfants IMC recevront l'éducation la plus
complète.

On peut cependant se poser un certain nombre de
questions.

— L'établissement doit-il être réservé aux IMC ou bien
peut-on grouper des enfants handicapés physiques, quelle
que soit l'origine de leurs troubles moteurs ?
Est-il judicieux de rassembler des IMC, des myopathes, des
polios, etc. ?

D'une part, les IMC présentent des caractéristiques psychiques qui en font un groupe bien particulier, auquel il faut appliquer des méthodes pédagogiques spécifiques.

D'autre part, le nombre des IMC susceptibles de bénéficier de certains niveaux élevés d'enseignement est assez restreint et ne justifie peut-être pas la création d'un établissement autonome.

Nous sommes d'avis que pour commencer, les enfants IMC doivent être traités séparément des autres handicapés physiques, surtout s'ils sont d'intelligence normale ou quasi normale. Dans ces conditions, il est possible de leur donner un enseignement tout à fait adapté, qui leur permettra de progresser à un rythme satisfaisant.

Plus tard, au moment de l'adolescence, il est souhaitable de procéder à des regroupements; d'abord pour des raisons économiques et aussi parce qu'on peut espérer que l'école primaire aura donné au jeune IMC la possibilité de maîtriser ses troubles particuliers. A partir de ce moment, les avantages psychologiques et sociaux du brassage deviennent prédominants.

— La cohabitation entre enfants IMC dont les handicaps sont d'inégale sévérité est-elle souhaitable ?

D'après nous, oui, car pour les moins handicapés, la fréquentation d'enfants plus atteints est une source de formation morale et sociale; elle conduit à un apprentissage de l'entraide et de la compréhension d'autrui; elle est un frein contre l'égocentrisme souvent assez marqué des handicapés.

Nous serons toutefois amenés à nuancer notre réponse.

Il faut se rendre compte que le travail avec des handicapés très gravement atteints est épuisant, physiquement et émotionnellement, qu'il est peu gratifiant en ce qui concerne les résultats, et, pour ces raisons, il est bon que les personnes qui s'occupent de cette catégorie d'IMC aient la possibilité de travailler aussi avec des groupes moins éprouvants.

En ce qui concerne les groupements sur la base du niveau intellectuel, nous dirons ceci :

— Il faut que les IMC intelligents ou quasi normaux fréquentent les débiles mentaux légers; ils apprennent à se tolérer, à se comprendre, à s'entraider et surtout à collaborer. Dans beaucoup de cas, une association entre un IMC débile mental léger mais peu atteint du point de vue moteur, et un IMC plus gravement atteint mais intelligent peut être très fructueuse.

— Il faut que les IMC normalement intelligents reçoivent un enseignement adapté au maximum et ne soient en aucune manière retardés dans leurs acquisitions scolaires par la présence de moins doués; il est parfaitement possible, dans un établissement, de constituer des classes qui s'adressent à des niveaux intellectuels différents et dont la finalité sera, par là-même, différente aussi.

C'est ainsi que nous avons organisé des classes d'IMC susceptibles de suivre le cycle primaire complet et, éventuellement d'aborder le secondaire, et des classes que nous avons appelées « à programme minimum », qui s'adressent aux IMC dont le quotient est approximativement compris entre 60 et 80; dans ces classes, les enfants reçoivent un enseignement très concret, orienté très tôt, c'est-à-dire vers la 11e, 12e année dans une perspective préprofessionnelle.

Quant aux IMC dont la débilité mentale est plus profonde, nous estimons que c'est surtout la gravité de la déficience qui doit déterminer la nature du placement. Il faut toutefois que ces IMC reçoivent certains traitements destinés à améliorer ou du moins à ne pas aggraver l'état de la motricité et soient entraînés à un certain nombre de tâches et d'activités de la vie quotidienne.

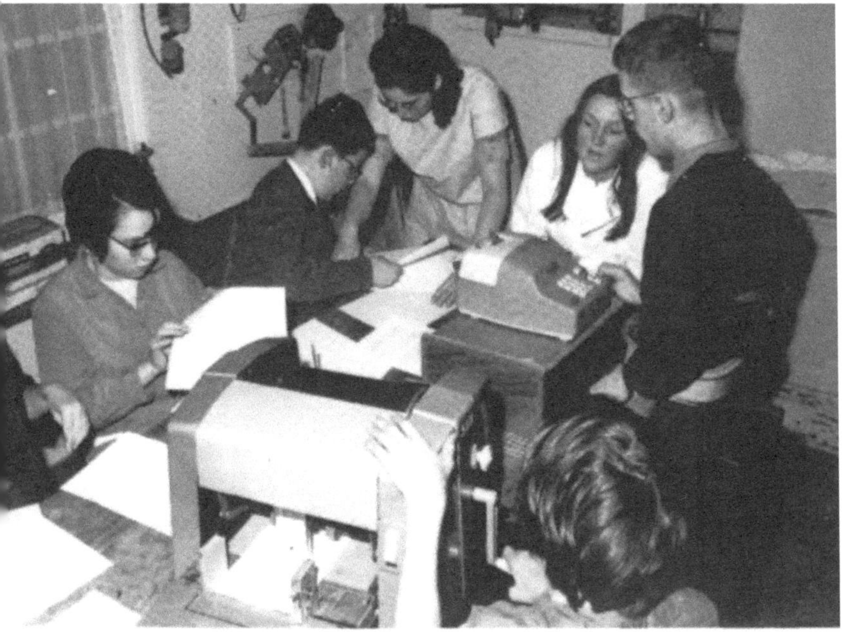

16

LES CLASSES - ATELIERS. Apprentissage des techniques et de la collaboration.

17

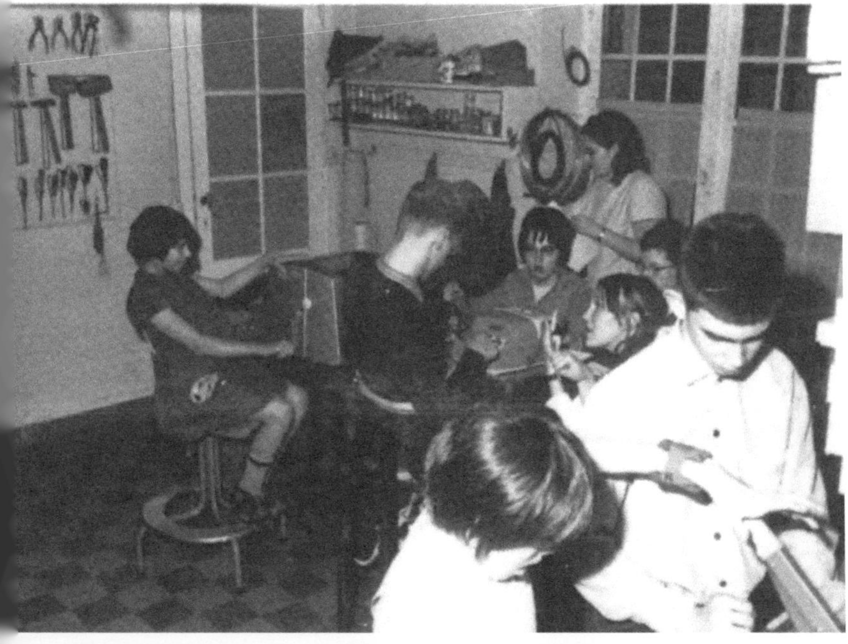

18

19

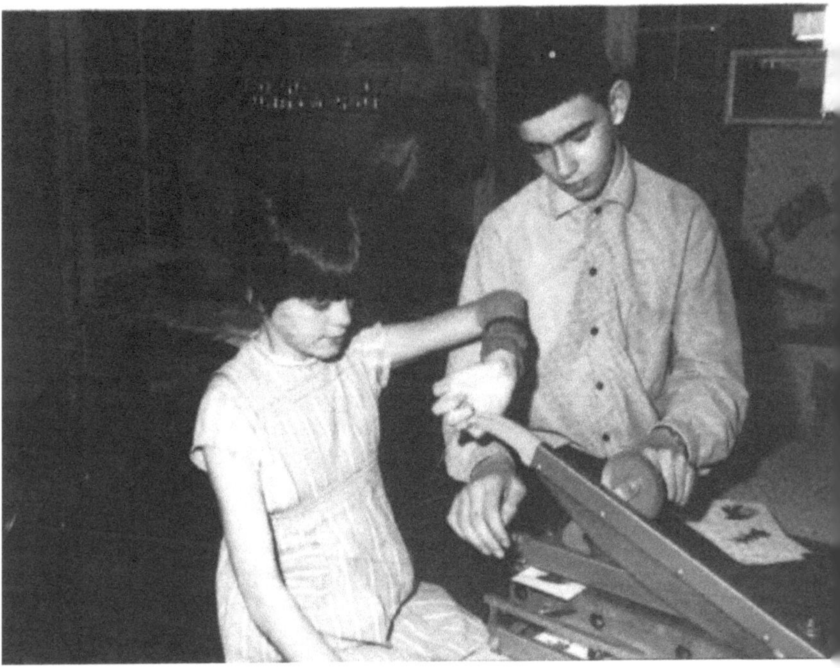

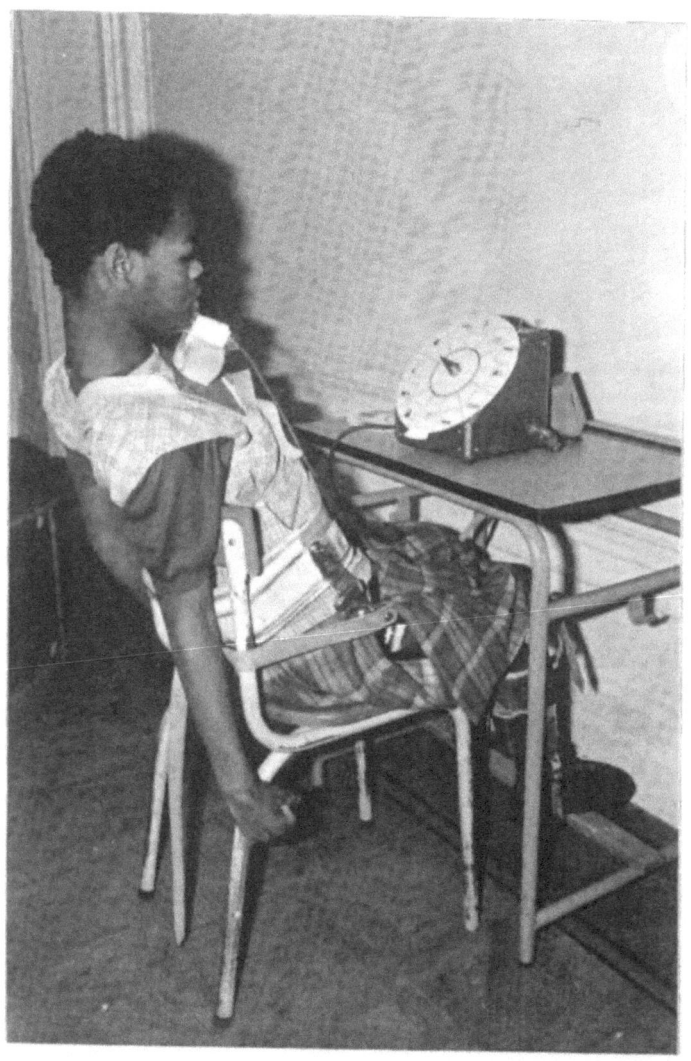

EPELLATEUR.   **20**
Arlette actionne l'épellateur à l'aide du menton.

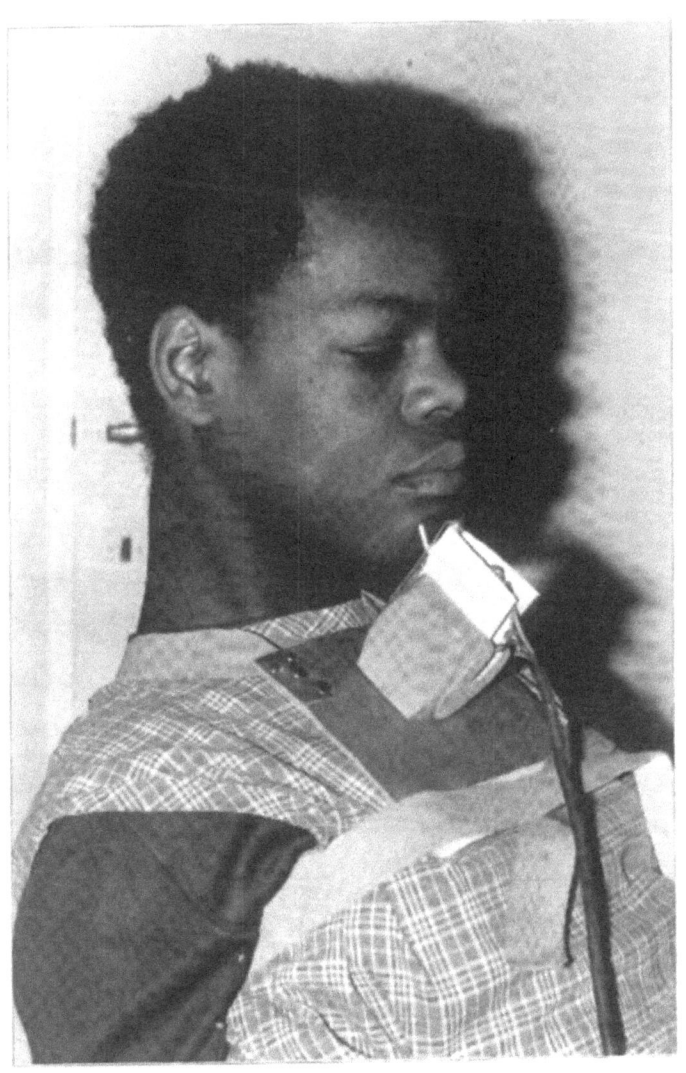

21

Exercice sur les notions " personnes ", " animaux ", " objets ".   22

Exercice sur les notions " rien ", " peu ", " beaucoup ".   23

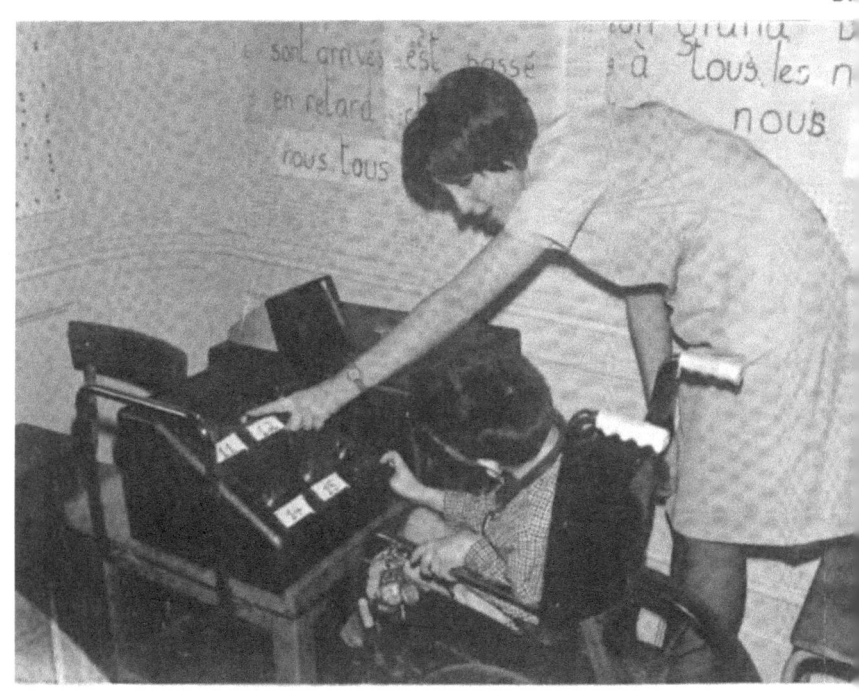

Handiscope : Exercice sur les nombres 11 - 12 - 13 - 14 - 15.

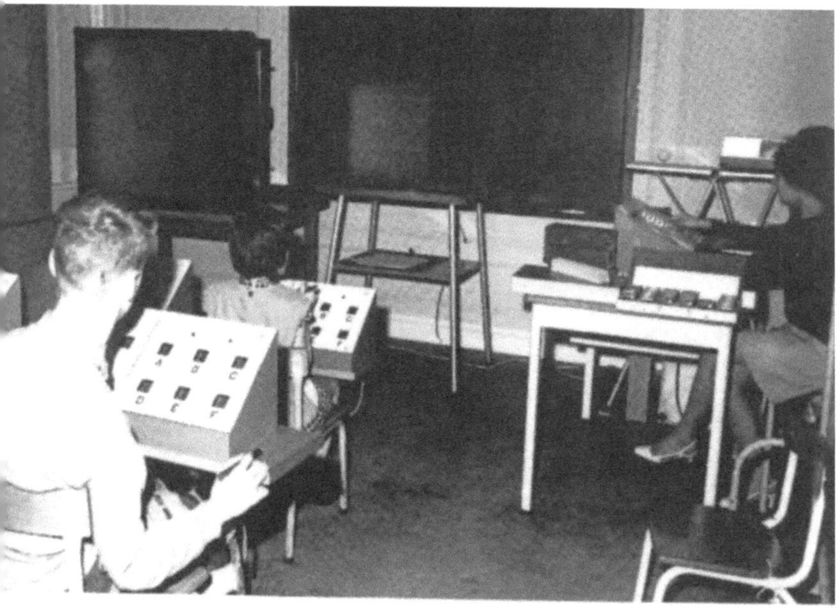

25

Vues générales de la classe automatisée.

26

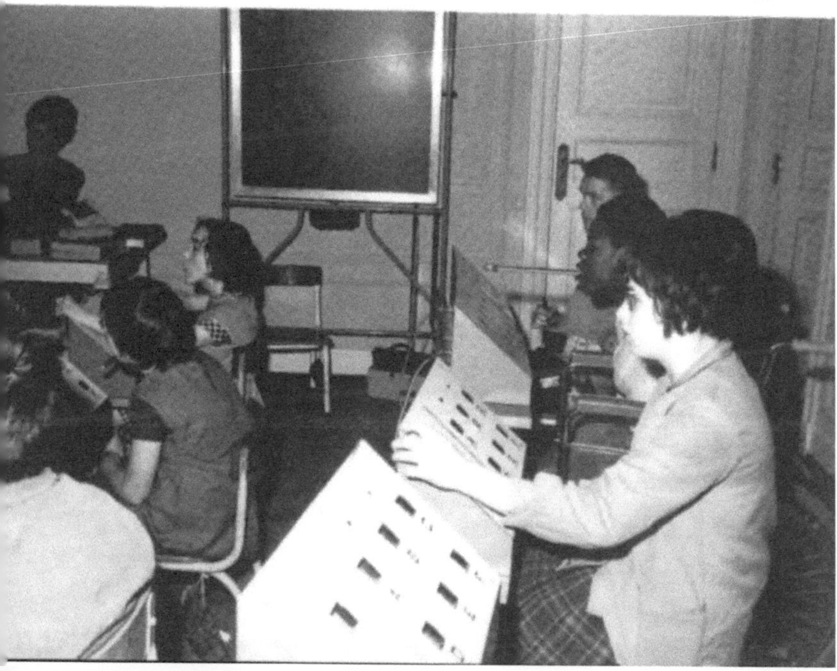

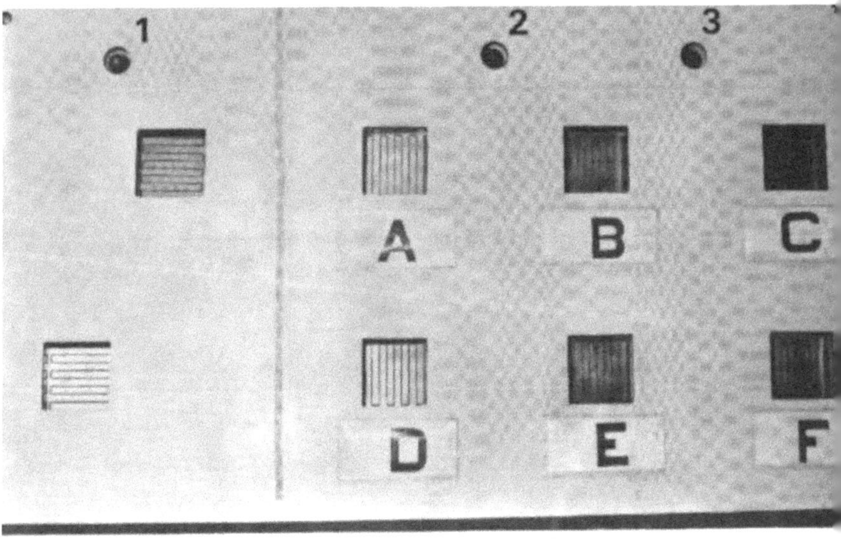

Pupitre de l'élève. **27**

1. lampe jaune; 2. lampe verte; 3. lampe rouge.

Pupitre du professeur.

1. mise en route; 2. manœuvre de l'épellateur; 3. manœuvre du projecteur; 4. poussoir = lampe verte; 5. poussoir = lampe rouge; 6. lampes correspondant aux réponses fournies par les élèves; 7. remise à zéro. **28**

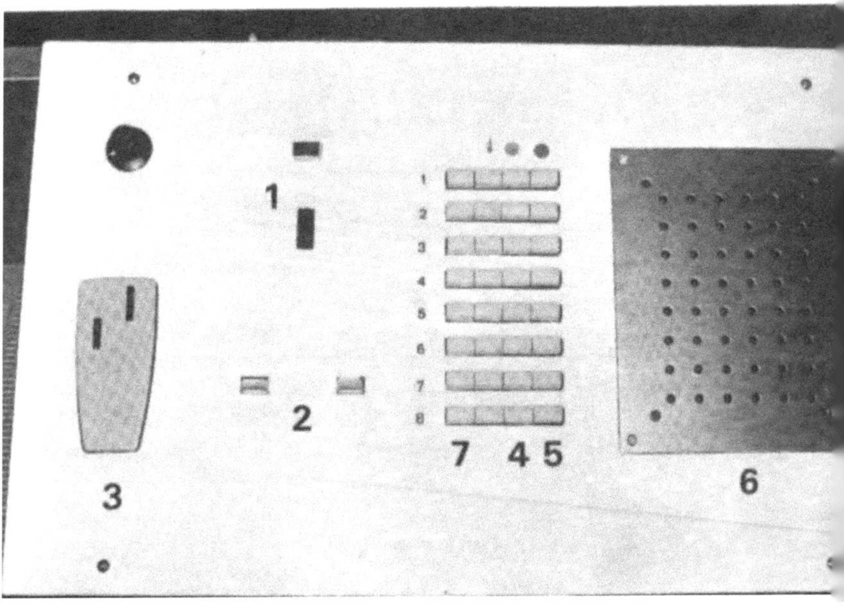

— Comment résoudre le dilemme internat-externat ?

L'internat a généralement mauvaise réputation. On l'accuse d'installer l'enfant dans une vie artificielle, de le couper du monde dans lequel il sera amené à vivre, de le priver de la chaleur du milieu familial.

Ces griefs sont en partie justifiés, mais on peut y ajouter que les externats ne sont pas suffisamment nombreux pour satisfaire à tous les besoins, qu'un bon internat ne coupe pas l'enfant du monde extérieur, et que tous les IMC ne vivent pas dans un milieu familial chaleureux.

Nous sommes partisans de l'internat bien conçu, sauf pour le très jeune IMC; voici pourquoi.

Même s'il existe un externat dans la région, l'enfant va perdre beaucoup de temps dans les déplacements et se fatiguer d'une manière tout à fait inutile; même si le milieu familial est de bonne qualité, il est souhaitable que l'enfant IMC prenne des contacts extérieurs, qu'il apprenne à fréquenter d'autres handicapés, qu'il se frotte à d'autres méthodes éducatives que celles de ses parents. Nous dirons même qu'à l'adolescence, l'éloignement géographique radical nous paraît une nécessité.

Ceci dit, qu'entendons-nous par un internat bien conçu ?

Ce sera un établissement qui reçoit à la fois des internes et des externes; c'est une condition qui facilite l'ouverture vers le monde extérieur. Pour la même raison, les contacts avec le milieu familial doivent être fréquents, encouragés et facilités. Les parents seront autorisés à rendre visite à leur enfant aussi fréquemment que possible, même s'il en résulte des difficultés d'organisation et l'enfant doit pouvoir recevoir beaucoup d'autres visiteurs à des moments aussi peu codifiés que possible, le soir par exemple. De même, l'intégration se fera par le biais de promenades, de visites aux musées, au théâtre, au cinéma, au bassin de natation. En un mot, il faut faire en sorte que les enfants IMC aient une existence réelle et ne constituent pas seulement un groupe vis-à-vis duquel se déploient des sentiments ambigus de pitié et de réjection de la part de la communauté qui les entoure.

LES ETAPES DE L'EDUCATION

L'éducation d'un enfant commence dès le jour de sa naissance et ce qui est vrai pour un enfant valide l'est a fortiori pour un enfant handicapé.

Comme ce chapitre est consacré à l'éducation dans le cadre de l'école nous ne reviendrons pas sur ce qui doit se passer avant l'âge scolaire. Nous avons évoqué ce problème en insistant sur le fait que le travail de la kinésithérapeute est une véritable éducation globale, activant aussi bien l'esprit que le corps.

Mais à partir de 4 ans environ, le petit IMC bénéficiera d'un enseignement organisé spécialement à son intention.

La préparation à l'école primaire

Goûter, toucher, regarder, écouter, jouer en groupe, apprendre à partager, manipuler des objets, constituent des expériences irremplaçables que l'enfant valide vit spontanément mais qu'il faut organiser pour l'enfant handicapé.

Avant qu'il entre à l'école primaire, tout un apprentissage sensoriel indispensable à la conquête du monde devra être réalisé.

Dans la petite classe, tout tournera autour de l'observation et de la prise de contact avec un environnement proche ou plus éloigné qui n'a pas pu être exploré spontanément.

Comme d'autre part, le petit IMC est souvent peureux et timide, effrayé par des sons bruyants, sujet à des colères explosives, l'école lui apprendra à se comporter d'une façon adéquate en société. S'il a peur, il oubliera la peur car il se sentira dans une ambiance de sécurité; s'il se met facilement en colère, il apprendra à maîtriser ses impulsions; il apprendra à collaborer avec des petits camarades et ne trouvera pas toujours ses besoins passivement satisfaits.

Un peu plus tard, vers 5-6 ans, un travail plus systématique devra être entrepris avant de lancer le jeune IMC dans l'enseignement primaire. Ce travail tiendra compte des lacunes qui ont été observées au niveau du développement praxique et gnosique de l'enfant. L'enfant IMC doit apprendre ce que sont les différentes formes géométriques, les couleurs; on l'amènera à apprécier des différences de température, les distances entre objets, à reconnaître les matériaux qui constituent son environnement.

Il apprendra aussi quelles sont les positions relatives des objets les uns par rapport aux autres et sa propre position parmi ces objets; progressivement, il saura ce qui est proche et ce qui est éloigné, ce qu'il peut atteindre et ce qui est hors de sa portée.

Il apprendra également des notions élémentaires de quantité; ce que signifie les termes peu, beaucoup ou rien; il en arrivera ainsi petit à petit au précalcul.

De même, on le préparera à la lecture par des exercices de rythme et d'orientation spatiale, où seront acquises des notions telles que le haut, le bas, la droite, la gauche, debout, couché, etc.

Le schéma corporel, très souvent perturbé, sera également fixé. L'enfant montrera sa bouche, ses yeux, ses oreilles. La fonction conceptuelle devra également être entraînée; en opérant des classements : l'institutrice pourra lui faire classer des images : la maison des personnes, la maison des animaux, la maison des choses; l'enfant pourra apparier des objets qui vont ensemble sur une base fonctionnelle; il opérera des groupements à partir des formes, des couleurs, des dimensions.

Une attention toute particulière sera portée aux activités verbales. L'enfant sera encouragé à s'exprimer; on lui parlera lentement et correctement; on lui racontera des histoires; on l'obligera à répéter le mot nouveau ou le terme propre, à répondre à des questions, à intervenir dans une conversation, à chanter, à parler tranquillement et sans timidité à des personnes étrangères à l'entourage habituel, à répéter avec patience des propos s'ils n'ont pas été compris d'emblée par l'interlocuteur.

Toutes les activités que nous venons d'évoquer ont une égale importance; aucune ne peut être sacrifiée et toutes les fonctions praxico-gnosiques, sensorielles et motrices doivent être entraînées avant que l'enfant accède à l'enseignement primaire. Peu importe s'il n'entre à l'école primaire qu'à 7 ans, ou même à 8 ans, pourvu que les bases soient solides.

Trois règles d'or président au début de l'éducation d'un petit IMC :

1. il n'est jamais trop tôt pour commencer;

2. le temps perdu pendant les premières années ne se rattrape sans doute jamais;

3. rien ne sert de commencer l'enseignement des techniques scolaires proprement dites si les lacunes dans le développement praxico-gnosique élémentaire n'ont pas été comblées.

L'enseignement élémentaire ou primaire

Deux exigences contradictoires président à l'organisation de l'enseignement élémentaire pour IMC.

— L'enseignement pour jeunes IMC doit être aussi voisin que possible de l'enseignement pour enfants valides de niveau intellectuel équivalent.

Ainsi l'enfant IMC se sentira au moins sur le plan de l'école, non différent de ses frères et sœurs et des camarades de ceux-ci.

— L'enseignement pour jeunes IMC doit être hautement individualisé de manière à tenir compte des troubles variés dont souffre chaque enfant.

De quelle manière peut-on raisonnablement concilier ces deux exigences ?

Si le quotient intellectuel est moyen ou supérieur, si les troubles moteurs n'empêchent pas l'enfant de communiquer et de manipuler, si l'enfant ne souffre pas de troubles associés ou si ces derniers ont été corrigés pendant la période préprimaire, il n'y a pas de problème : c'est la première exigence qui prévaut.

Si le quotient intellectuel est supérieur, s'il n'y a pas ou plus de troubles associés importants, si les troubles moteurs sont très graves et empêchent par exemple une bonne fixation de la tête, la manipulation ou la communication verbale, il faut encore essayer de s'en tenir à la première exigence en faisant appel à des moyens techniques et à des astuces pour aider l'enfant sur le plan moteur.

Si le quotient intellectuel n'est que moyen et si les troubles associés n'ont pas pu être réduits, la prudence est de rigueur. Si l'on constate que l'enfant ne fait pas des progrès à un rythme raisonnable par rapport au programme traditionnel, il faut avoir le courage de renoncer à temps, c'est-à-dire avant que l'enfant ne soit complètement dégoûté du travail scolaire.

Si le quotient intellectuel est inférieur à la moyenne, et ce, d'autant plus vite que des troubles associés irréductibles ou des troubles moteurs graves viennent s'y ajouter, il faut résolument opter pour un enseignement adapté aux possibilités réelles de l'enfant. Un enfant valide, qui obtient un quotient intellectuel de 80, peut arriver avec peine à terminer l'enseignement primaire mais un enfant IMC qui a le même quotient et souffre par ailleurs de troubles perceptifs ou aphasiques, ou éprouve de grosses difficultés de fixation, n'y arrivera pas.

Voici quels sont, selon nous, les buts essentiels d'un enseignement primaire adapté :

— Ouvrir à l'enfant le plus de voies de communication possible avec son entourage; lui apprendre à écrire, à la main ou à la machine; lui apprendre à s'exprimer aussi clairement que possible, ou, tout au moins, à se faire comprendre.

— Lui fournir un maximum d'informations au sujet du fonctionnement de la société dans laquelle il va être appelé à vivre. Il faut qu'il sache manipuler l'argent, envoyer une lettre, répondre au téléphone, etc. Il faut qu'il connaisse les propriétés des principaux produits d'usage courant; qu'il connaisse leur utilisation et leurs dangers éventuels; il faut qu'il sache comment fonctionne un poste de radio ou de télévision; en un mot comme en cent, il faut lui apprendre à se débrouiller, à ne pas vivre en parasite de son milieu.

— L'enfant IMC doit être amené à prendre soin de lui-même dans toute la mesure du possible, tant sur le plan de la diététique que de l'hygiène générale. On élimine une source importante de malaises, de tensions et d'humiliations si on arrive à atteindre ce but.

— Il faut enfin élargir les connaissances de l'enfant, lui donner l'envie d'en savoir davantage sur l'un ou l'autre sujet, peu importe lequel, de manière à ce qu'il puisse occuper agréablement les nombreux moments d'inactivité qui l'attendent certainement lorsqu'il sera adulte.

Nous terminerons ce paragraphe en faisant remarquer que les jeunes IMC capables de satisfaire à un programme scolaire identique à celui auquel sont soumis les enfants valides, doivent néanmoins recevoir en plus une formation adaptée à leur état. Au cours de cette formation, on essaiera d'atteindre les buts que nous venons d'énumérer ci-dessus.

Si on néglige cet aspect de l'éducation, on réussira peut-être à fabriquer des IMC instruits mais plus certainement des IMC gravement inadaptés à la vie quotidienne et aux contacts sociaux.

Quelques réflexions au sujet de l'apprentissage
de la lecture, de l'écriture et de l'arithmétique

La lecture.

A cause des difficultés qu'il éprouve à analyser un donné visuel, à dissocier la figure du fond, à s'orienter spatialement, l'enfant IMC n'apprendra pas facilement à lire et même lorsqu'il aura appris, il ne lira jamais avec aisance. C'est une activité qui sera toujours ardue pour lui et c'est d'ailleurs pourquoi on observe si peu de mordus de la lecture parmi les enfants et adolescents IMC.

Pourtant, la maîtrise de la lecture représente pour l'enfant IMC une véritable libération. Par la lecture, il pourra prendre connaissance d'un milieu qu'il n'a pas pu explorer personnellement; il aura progressivement accès au patrimoine des connaissances humaines accumulées dans tous les domaines depuis le début de la civilisation; il pourra se tenir au courant de l'actualité; il pourra également se distraire et se cultiver sans dépendre des autres.

Il faut donc qu'on recherche tout ce qui peut faciliter les apprentissages et qu'on élimine tout ce qui est susceptible de les troubler. Nous estimons que de nombreuses études doivent encore être faites dans ce domaine; nous nous contenterons donc de faire quelques remarques qui découlent de notre expérience personnelle.

— Nous ne pensons pas qu'il existe *une* bonne méthode pour apprendre à lire à un enfant IMC. Nous avons vu appliquer la méthode Borel-Maisonny [1] et dans beaucoup de cas, elle donne de bons résultats. Elle ne nous paraît cependant pas convenir ni aux débiles légers, ni aux aphasiques.

Nous avons vu utiliser avec ces derniers la méthode McGinnis [2]. Bien que les enfants progressent très lentement, cette méthode se révèle cependant supérieure aux autres, qui ne donnent aucun résultat.

— Quelle que soit la méthode appliquée, il est bon que l'enfant IMC apprenne d'une manière syncrétique et « par cœur » un vocabulaire de base assez étendu, qui comporte une série de substantifs relatifs au milieu dans lequel il vit et lui permet aussi d'exprimer ses besoins.

— La présentation des mots et des textes a une très grande importance pour le lecteur IMC débutant.

Aussi longtemps que l'enfant ne lit pas couramment, il faut s'en tenir à une seule présentation typographique; nous pensons qu'un graphisme lié convient le mieux, l'écriture script étant à nos yeux responsable de beaucoup de fautes de type dyslexique. L'espace qui sépare les mots dans un texte doit être nettement plus important que les espaces entre les lettres d'un même mot; les mots doivent apparaître comme des entités nettement discernables des entités voisines et les lignes du texte seront séparées les unes des autres éventuellement même par des traits épais de couleur.

L'écriture.

Une seule règle prévaudra lors de l'apprentissage de l'écriture : choisir le procédé qui permet à l'enfant de s'exprimer le plus facilement, le plus rapidement et le plus proprement possible.

Il faut sans doute que le jeune IMC apprenne dans toute la mesure du possible à écrire à la main une petite note et surtout à signer, mais dès qu'on s'aperçoit qu'il ne pourra jamais présenter autre chose qu'un texte quasi illisible et sale, on doit lui apprendre à écrire à la machine.

Dans ce domaine comme dans celui de la lecture, de nombreuses recherches restent à faire. D'une part il serait utile de mettre au point une systématique de l'apprentissage de l'écriture manuelle adaptée aux IMC, d'autre part il faudrait arriver à modifier les machines à écrire de telle sorte qu'elles puissent être utilisées par les handicapés les plus gravement atteints, sans que le coût des transformations ne soit exorbitant.

L'arithmétique.

Tous les pédagogues qui s'occupent d'enfants IMC seront d'accord quand nous disons que les jeunes IMC rencontrent des difficultés particulières dans l'apprentissage du calcul et de l'arithmétique.

Beaucoup d'entre eux sont en retard d'au moins deux ans par rapport à leur niveau d'avancement dans l'apprentissage de la langue maternelle. Nous nous sommes intéressés plus spécialement à cet aspect des difficultés scolaires des enfants IMC et nous avons pu faire un certain nombre de constatations.

— Il arrive fréquemment que des IMC soient capables d'exécuter mécaniquement des opérations arithmétiques sans avoir une réelle notion des quantités, de leurs structures et de leurs relations.

Un enfant qui répond immédiatement et correctement au calcul : 4 + 6, peut hésiter lorsqu'on lui présente le grahique : :: + ::: =; nous devons admettre que cet enfant a subi un simple dressage sans compréhension fondamentale du symbolisme du chiffre. Le fait que pour un autre enfant, 3 + 2, cela fait 32, est également l'indice d'un tel trouble du symbolisme, puisque cet enfant n'a jamais cherché à comprendre ce que représentait le dessin + .

— L'enfant IMC est souvent incapable de manipuler des objets; quand on l'engage à compter en suivant le matériel présenté du regard, il lui arrive inévitablement de compter deux fois le même objet dessiné ou présenté, d'en omettre un, de revenir en arrière. Au bout d'un certain temps, tout est à recommencer et il se peut que l'enfant fournisse alors n'importe quelle réponse pour être débarrassé de la tâche qui l'ennuie.

— Les troubles spatio-temporels, si fréquents chez les IMC, sont particulièrement gênants en regard de l'acquisition de l'arithmétique. Songeons à la signification de la place des chiffres dans le nombre, au déplacement de la virgule vers la gauche ou vers la droite lors de la multiplication par 10, 100 ou 1.000; à l'importance d'une disposition correcte des chiffres dans le calcul écrit...

— La persévération intervient également pour rendre la tâche difficile à l'enfant IMC. On peut l'observer lorsqu'on demande à l'enfant de compter par 2, par 3, etc. Elle se remarque également lorsqu'on utilise des présentations semi-concrètes de quantités. Certains enfants IMC assimilent quantité et disposition du matériel : si la quantité 10 est présentée, par exemple, à l'aide de points mis en diagonale dans un problème, la disposition suivante qui se présentera en diagonale va être appréhendée également comme un 10.

— Nous avons enfin remarqué que l'inaptitude à organiser séquentiellement une série de réponses partielles peut être à la base des difficultés rencontrées dans la solution des problèmes arithmétiques articulés en plusieurs étapes.

Voici comment nous suggérons de contourner les difficultés que nous venons d'énumérer.

— Avec l'enfant que l'on juge capable de suivre un programme normal, il faut vérifier si le symbolisme du chiffre a bien été compris, car sinon il peut aller loin dans la manipulation du calcul sans avoir consciemment distingué le nombre du chiffre.

— Il faut insister sur le comptage par groupements et ensembles et éliminer, du moins dans un premier temps, le dénombrement. Avec des enfants que l'étude des 20 premiers nombres lassait, nous avons poursuivi le travail et étudié d'emblée la numération de 11 à 99; nous avons été étonnés de constater qu'une sorte de transfert facilitait ultérieurement l'acquisition de notions rébarbatives au départ. Nous nous sommes demandés si l'enseignement traditionnel ne scindait pas, d'une façon très arbitraire, un ensemble de notions qui forment un tout et qui sont appréhendées et mémorisées bien plus facilement dans ce tout à condition que l'enfant ait l'âge et la maturité nécessaires pour comprendre ce qu'on lui présente. On ne rencontre pas au niveau des centaines et des mille des difficultés spéciales en dehors de celles qui ont déjà été signalées à propos de la dizaine.

Il est souhaitable de supprimer, contrairement à ce que l'on fait très souvent, le matériel concret au début de l'apprentissage; on peut utiliser d'emblée des présentations visuo-spatiales très schématisées. Un tel procédé vise à éviter que l'IMC ne se noie dans les détails ou ne s'enfonce dans la persévération.

— Il est nécessaire de veiller toujours à une présentation très claire des données d'un problème; la présentation doit faciliter la latéralisation et, d'une manière plus générale, l'organisation spatiale.

— Il faut prendre en considération la difficulté à organiser des séquences de réponses et entraîner systématiquement les enfants IMC sur ce point en décomposant d'une manière très claire les étapes des problèmes. Ils travailleront d'une manière progressive; d'abord et pendant longtemps avec des problèmes à deux étapes, puis des problèmes à trois étapes, etc.

En fin de compte, nous sommes convaincus que l'on peut, avec des enfants IMC doués d'une intelligence normale, pallier aux divers troubles associés par un enseignement adapté. Il reste deux défauts qui nous paraissent irrémédiables et qui résistent à l'apprentissage le plus intensif, mené avec les méthodes les mieux conçues : ce sont le manque de capacité d'abstraction, et la difficulté à fixer les informations fournies et à les évoquer ultérieurement.

On rencontrera donc des difficultés particulières en arithmétique avec les IMC à quotient intellectuel inférieur et aussi avec les aphasiques.

Nous tenons à signaler, pour terminer, que les éléments affectifs ne doivent pas être négligés lors d'un apprentissage qui présente des difficultés importantes, comme c'est le cas pour l'arithmétique. Les périodes de désarroi sont marquées nettement par une destructuration de tout ce qui a été acquis auparavant; l'enfant concentre toute son énergie sur la solution de ses problèmes affectifs, il régresse vers une mentalité infantile, il devient incapable de se poser objectivement devant le monde, il projette ses pulsions dans un travail intellectuel fantaisiste et incohérent.

Nous avons eu l'occasion de remarquer de tels comportements chez de grands élèves IMC qui sont confrontés avec les difficultés de l'adolescence et une prise de conscience progressive de leur handicap et de ses implications personnelles et sociales.

En fin de compte, pour l'arithmétique comme pour tout le reste, il importe de ne jamais confondre l'incapacité de l'enfant ou de l'adolescent à acquérir une notion parce qu'elle dépasse ses possibilités réelles et la stagnation momentanée ou la régression liées à une perturbation affective.

ANNEXE

Description de quelques appareils
mis au point pour faciliter et améliorer
le travail scolaire des IMC intelligents

Comme nous l'avons déjà dit dans ce chapitre, les acquisitions scolaires d'un enfant IMC considéré comme normalement intelligent ne correspondent généralement pas à ce que l'on pourrait attendre de lui. Parmi les raisons qui expliquent cette différence entre les potentialités et le rendement figurent les deux suivantes :
— Les troubles moteurs du langage, c'est-à-dire les dysarthries, qui rendent le discours de l'enfant particulièrement pénible, parfois même incompréhensible, sont peu faits pour l'encourager à fournir des réponses verbales; or nous savons à quel point ces dernières fixent les notions fraîchement acquises. Dans certains cas, il peut

être plus commode pour un enfant de prétendre ne pas connaître une réponse plutôt que de s'efforcer en vain de se faire comprendre.

— D'une façon tout à fait générale, les handicapés moteurs, surtout ceux qui sont gravement atteints, n'ont pas l'occasion de faire de nombreux exercices. La plupart du temps, le pédagogue est obligé de se contenter de recueillir des preuves de ce qu'une notion a été comprise. Faute de temps, il ne peut entraîner ses élèves jusqu'à l'automatisation ni même la fixation solide des notions enseignées.

En premier lieu, beaucoup d'enfants IMC vivent dans des centres de rééducation où ils doivent suivre un programme fort chargé en vue de leur rééducation fonctionnelle, ce qui fait qu'ils disposent de moins de temps que les enfants valides pour les activités scolaires.

Ensuite, les IMC gravement atteints ne peuvent fournir de réponses s'ils ne sont aidés par une personne qui peut écrire à leur place ou les écouter quand ils sont capables de s'exprimer verbalement.

Enfin, dans les cas de gravité moyenne, quand on invite l'enfant à fournir des réponses personnelles, à écrire à la main ou à la machine, le travail se fait dans des conditions de lenteur qui peuvent devenir exaspérantes.

Si nous voulons mettre au point des méthodes susceptibles de faciliter et d'améliorer le rendement scolaire, nous devons tenir compte des éléments que nous venons d'évoquer et aussi prendre en considération les caractéristiques de l'organisation mentale des enfants IMC. C'est ce que nous avons tenté de faire et voici les résultats de nos essais.

Les équipements que nous avons conçus et réalisés ont pour but de permettre la production de réponses qui puissent être comparées à celles que fournirait un enfant valide d'égale aptitude; il ne faut pas que la nature ou la gravité des handicaps moteurs introduise un biais dans la qualité du travail scolaire fourni.

A l'heure actuelle, nous avons réalisé deux équipements individuels et une classe automatisée pour huit élèves.

Nous allons décrire successivement les deux appareils individuels, puis nous montrerons comment nous en avons réalisé la synthèse dans la classe.

Réponses par indication

L'idée d'obtenir des réponses par indication de la part de très graves handicapés moteurs n'est pas originale; c'est même celle à laquelle on s'arrête lorsqu'aucun autre mode de réponse n'est possible. L'enfant fait connaître alors d'un mouvement, quel qu'il soit, s'il considère qu'une réponse est correcte ou non, si c'est oui ou non, si c'est vrai ou faux.

On peut facilement se rendre compte à quel point un tel système est limité et éprouvant pour l'IMC qui est obligé d'exécuter les mouvements correspondants au code ainsi que pour l'observateur qui est obligé de décoder tant bien que mal les réponses.

Il reste toutefois qu'un procédé d'indication permet déjà d'effectuer un nombre important d'exercices scolaires.

C'est pourquoi nous avons réalisé un petit appareil fort simple, susceptible d'améliorer les conditions dans lesquelles de telles réponses sont fournies.

Nous l'avons baptisé « EPELLATEUR ».

Description de l'épellateur : Photos 20 et 21

L'appareil consiste en un boîtier sur la face inclinée duquel se trouve un cadran. Sur le cadran, on peut fixer n'importe quel disque présentant des données sous forme circulaire.

Le cadran est balayé par une aiguille; le handicapé commande le mouvement de l'aiguille dans le sens lévogire ou dextrogire par simple pression sur un petit levier.

En pressant sur le levier, l'aiguille se met en route dans un sens ou dans l'autre (vitesse de rotation : de 5 à 10 tours/minute). Lorsque l'élève arrête la pression sur le levier, l'aiguille s'arrête également.

Le levier peut être commandé de la main, du poing, du menton, ou même éventuellement du pied. Il peut se trouver à n'importe quel endroit facilement accessible pour le handicapé.

Utilisation de l'épellateur

Avec ce dispositif, l'élève peut arrêter l'aiguille conformément à l'une ou l'autre règle qu'on lui demande d'appliquer. Par exemple si on lui présente le disque qui figure sur la photo 22, on peut lui demander d'arrêter l'aiguille sur toutes les « personnes » ou sur tous les « animaux »,...

La manipulation de l'épellateur permet non seulement au handicapé moteur de répondre en un temps aussi bref que le fait un enfant normal, mais la situation constitue également un excellent exercice d'attention, qui l'oblige à explorer du regard l'ensemble du disque, en vue de prévoir le moment où il devra arrêter l'aiguille. Il doit prévoir ce moment, prendre des décisions rapides suivies d'exécution, toutes activités qui lui sont fort difficiles et qu'il n'a pas l'occasion d'entraîner.

En fait, ce petit appareil permet, à capacité égale, à un handicapé même très gravement atteint d'exécuter, peut-être pour la première fois de sa vie scolaire, des tâches avec la même précision et la même rapidité qu'un sujet normal.

Réponses de choix

A côté de l'épellateur, nous avons mis au point une installation inspirée à la fois des machines à enseigner et des questionnaires et tests à choix multiple. Le principe en est très simple. Nous présentons à l'élève une question ou un problème sur un écran, nous lui proposons un certain nombre de réponses couplées à des boutons-poussoirs et nous lui demandons de choisir celle qu'il croit être la bonne. L'élève appuie sur le bouton-poussoir correspondant à la réponse qu'il estime exacte. Si le choix a été bien fait, un nouveau problème apparaît sur l'écran. Si le choix est incorrect, rien ne se passe et un nouvel essai doit être effectué. Cet appareil a été appelé HANDISCOPE.

Description du handiscope.

L'installation comporte deux éléments : d'une part une boîte qui renferme le projecteur de diapositives et qui est surmontée d'un écran, d'autre part un pupitre-réponses (photo 24).

Le pupitre-réponses est nanti de six poussoirs et peut être placé soit à gauche, soit à droite de l'écran, ou même être déposé éventuellement par terre pour être actionné du pied; il peut aussi être incliné dans n'importe quelle position. Ainsi, il est possible dans tous les cas d'adapter l'installation au handicap moteur présenté par l'élève.

Le pupitre-réponses est relié au boîtier-écran par un fil solide et souple. Le handiscope est équipé d'un magnétophone-enregistreur qui permet de coupler un commentaire sonore à la présentation visuelle des questions.

Sur cet écran, un seul problème apparaît à la fois ce qui permet de pallier les difficultés de ségrégation visuelle dont souffrent un certain nombre d'IMC. Les poussoirs ont été sélectionnés pour leur solidité et leur facilité de manipulation.

Avec un tel appareil, n'importe quelle question peut être posée dans n'importe quel domaine. Il suffit que chaque question conduise à l'une des six réponses que l'on a inscrites sous les poussoirs.

Grâce au handiscope, l'IMC peut exécuter en un temps réduit un grand nombre d'exercices et de plus, il peut travailler seul à partir du moment où il est installé devant l'écran et où le pupitre-réponses a été bien placé.

Il peut contrôler les progrès qu'il réalise puisque l'appareil est équipé d'un compteur de réponses (nous en avons profité pour initier les élèves à un système de contrôle personnel de leur travail).

D'autre part, il est possible de mesurer le temps mis pour exécuter la série et on peut évidemment comparer la durée d'exécution ainsi que le nombre de fautes lors d'exercices successifs.

Au départ, nous avions surtout prévu que le handiscope servirait à automatiser les notions enseignées pendant les leçons proprement dites.

Comme nous l'avons écrit à la page 181, les IMC n'ont pas l'occasion de faire autant d'exercices qu'un enfant non handicapé, ce qui a pour conséquence que les maîtres travaillent sur des bases peu solides, éprouvent sans cesse le besoin de revenir en arrière pour vérifier si les notions enseignées précédemment ont été bien fixées, et constatent hélas que dans bien des cas il n'en a pas été ainsi.

Toutefois, l'utilité du handiscope ne s'est pas limitée à cela. Pour enseigner de nouvelles notions, la présentation sur l'écran s'est révélée particulièrement efficace, d'autant plus qu'elle tient compte des caractéristiques perceptives de l'IMC qui bénéficie, avec le handiscope, d'une présentation limitée, isolée, des problèmes, sans interférence de stimuli parasites, sans risque de confusions figure-fond.

La classe automatisée

La classe automatisée réalise la synthèse de l'épellateur et du handiscope. (Photos 25, 26, 27 et 28).

Elle a été aménagée pour 8 élèves. Huit pupitres, à hauteur réglable, sont solidement fixés au sol; les pieds sont conçus de telle sorte que les élèves puissent soit s'installer sur une chaise, soit rester dans leur voiturette, ce qui facilite grandement les opérations avec les handicapés très sévèrement atteints.

Chaque pupitre comporte l'élément handiscope à droite et l'épellateur à gauche.

Le handiscope comprend six commandes par contact, une lampe rouge et une lampe verte.

L'épellateur est commandé par deux contacts et est surmonté par une petite lampe jaune.

Le remplacement des poussoirs et des leviers utilisés sur les appareils individuels par des contacts constitue une grande amélioration; même les handicapés les plus sévèrement atteints peuvent participer à la classe.

D'autre part, les appareils individuels exigent la présence sinon constante, du moins fréquente d'une personne par enfant tandis que l'installation collective permet de faire travailler huit enfants, en même temps et très rapidement.

Fonctionnement du handiscope.

L'institutrice pose une question à laquelle chaque élève peut répondre en observant le code qui est inscrit sous le tableau de commande; la question peut être posée oralement, au tableau noir, ou encore le plus souvent sur un écran qui fait face à la classe. Chaque élève touche celui des six contacts qu'il croit correspondre à la bonne réponse. Une lampe s'allume derrière le contact et aussi sur le pupitre de l'institutrice. Celle-ci est donc informée de la réponse donnée par chaque élève. Elle peut dès lors voir qui connaît la bonne réponse et qui s'est trompé. Chez ceux qui ont donné la bonne réponse, la lampe verte s'allume; chez les autres, la lampe rouge. Quand la lampe rouge s'allume, l'enfant fait un nouvel essai en touchant un deuxième contact. Quand tous les élèves ont fait l'exercice correctement, l'institutrice, de son pupitre, efface toutes les lampes allumées chez elle et chez les élèves et passe à une autre question.

Fonctionnement de l'épellateur.

L'institutrice allume de son pupitre les lampes jaunes qui se trouvent à gauche de chaque pupitre d'élève; c'est le signal que le travail se fait avec l'épellateur. En touchant un des deux contacts de gauche, un élève peut actionner l'aiguille de l'épellateur géant qui se trouve devant la classe; soit dans le sens des aiguilles d'une montre, soit dans le sens opposé.

L'épellateur géant est composé d'un grand écran en verre dépoli au centre duquel est fixée une aiguille mobile; l'institutrice projette sur cet écran des disques analogues à ceux qui sont utilisés avec l'épellateur individuel. Elle peut commander l'aiguille de l'épellateur à partir de son pupitre, et partant montrer l'un ou l'autre exercice aux élèves.

REFERENCES GENERALES

M. ANDERSON, « Teaching Aids for a Cerebral Palsy Classroom, » *Crippled Child,* XXX, 1952.

W. CRUICKSHANK, F. BENTZEN, F. RATZEBURG and M. TANNHAUSER, « *A Teaching Method for Brain-Injured and Hyperactive Children* » (Syracuse : Syracuse University Press, 1961).

M. I. DUNSDON, « *The Educability of Cerebral Palsied Children* » (London : Newnes Educational Publishing Co., 1952) pp. 51-67.

M. H. FOURACRE, « Learning caracteristics of brain injured children. » *In (Exceptional Children, 1958).*

M. E. FRAMPTON and E. D. GALL, *Special education for the exceptional.* Vol. III, 1956.

M. E. FRAMPTON and H. G. ROWELL, *Education of the handicapped.* Vol. I History, 1940.

M. E. FRAMPTON and H. G. ROWELL, *Education of the handicapped.* Vol. II Problems, 1940.

H. E. GILLETTE, « Preschool Training for Cerebral Palsied, » *Arch. Phys. Med. Rehab.,* 36, 1965.

R. GRAHAM, « Responsability of public education for exceptional children. » In *Exceptional Children,* 1962.

A. O. HECK, The education of exceptional children. Its challenge to teachers, parents and laymen, 1940.

B. E. KATZ, « Education of C.P. children » in *Journal of pediatrics* (1958) 4.

N. C. KEPHART, *The Slow Learner in the Classroom* (Colombus : Charles E. Merrill, 1960).

N. C. KEPHART, *The Brain Injured Child in the Classroom.* (Chicago National Society for Crippled Children and Adults, Inc., 1963.)

W. E. KVARACEUS, « Research in special education. Its status and function. » *In Exceptional Children* (1958), vol. 24, n° 6.

I. ROBINAULT, « Perception Technics for the Preschool Cerebral Palsied, » *Am. J. Occupational Therapy,* 8, 1954.

F. E. SCHONEL, *Educating Spastic Children* (London : Oliver and Boyd, 1956) « Seven essentials in Educational Planning for Children with Cerebral Palsy, » *Program Bulletin n° 5* (New York : United Cerebral Palsy Association, 1955).

REFERENCES CITEES

[1] S. BOREL-MAISONNY, *Langage oral et écrit.*
I *Pédagogie des notions de base.*
II *Epreuves sensorielles et tests de langage.* Actualités pédagog. et psychol. Delachaux et Niestlé.

[2] M. McGINNIS, *Aphasic Children : Identification and Education by the Association Method,* (Washington, D.C. : Alexander Graham Bell Association for the Deaf, Inc., 1963).

CHAPITRE VII

LA MISE AU POINT VOCATIONNELLE

Le jeune IMC termine généralement son éducation élémentaire plus tard qu'un enfant valide, c'est-à-dire qu'il est déjà entré depuis un certain temps dans l'adolescence. A ce moment, sur le plan physique son état s'est stabilisé et on enregistre des progrès de plus en plus minimes; on peut donc à peu près se rendre compte de ce que sera l'IMC toute sa vie durant, physiquement et mentalement.

Ce moment est particulièrement angoissant pour les thérapeutes et les éducateurs qui s'occupent de l'IMC depuis de nombreuses années et pour les parents aussi, évidemment. S'ils ne pratiquent pas une politique de l'autruche, ils ne peuvent s'empêcher de s'interroger : « Que va-t-il devenir ? », « Que pouvons-nous encore faire pour lui ? »

Il n'y a pas moyen de répondre à ces questions sans procéder à une étude approfondie de la situation sous tous ses aspects. Le moment est grave, car plus tard, il ne sera plus possible de faire machine arrière. Des décisions qui vont être prises dépendra le fait que la vie de l'IMC sera un échec ou en fin de compte et malgré tout une réussite sur le plan personnel et même peut-être sur le plan social.

La mise au point vocationnelle comporte les étapes suivantes :

— l'établissement d'un bilan réaliste des capacités de l'IMC;

— l'étude des possibilités offertes par le milieu dans lequel l'IMC sera appelé à vivre;

— la confrontation des capacités de l'IMC avec les possibilités offertes par le milieu;

— la présentation des conclusions à l'IMC et à ceux qui s'occupent de lui; leur discussion; la formulation d'un certain nombre de recommandations et l'élaboration de plans pour les années à venir.

LE BILAN

Le bilan doit être établi à propos des capacités physiques, des possibilités de satisfaire aux activités de la vie journalière, des caractéristiques psychologiques, de la normalité de l'apparence et du niveau éducationnel.

Les capacités physiques

On peut dire que l'IMC doit être examiné « des pieds à la tête » et de plus, la définition de ses capacités physiques se fera dans une perspective utilitaire. Ceci signifie qu'il ne suffira pas de déterminer si l'IMC marche ou ne marche pas, mais de répondre aux questions : à quelle vitesse marche-t-il ? peut-il se déplacer sur un terrain inégal ? pendant combien de temps peut-il marcher ?, etc.

Il faut être capable de décrire la manière dont l'IMC court, marche, saute, grimpe, se tient debout, fait demi-tour, s'assied et se redresse, réussit à atteindre un objet, soulève une charge, ou la porte, lance, pousse, ou tire; comment il parle, entend, voit; enfin quelles sont ses capacités manipulatoires, fines et grossières, unilatérales ou bilatérales.

Les activités de la vie journalière

Pour établir cette partie du bilan, il faut passer en revue tout ce qu'une personne est amenée à faire au cours d'une journée, quels que soient par ailleurs son niveau de vie et ses occupations professionnelles.

Est-elle capable de s'habiller seule ? de faire sa toilette ? de procéder aux soins intimes ? d'aller aux W.C. ? peut-elle commander un repas et le manger sans aide ? est-elle capable de se servir des transports en commun ? de conduire une voiture ? de monter et de descendre les escaliers ? de traverser la rue ? de demander son chemin ? de manipuler de l'argent ? d'apposer sa signature ? est-elle capable de se faire comprendre par n'importe qui ou uniquement par ceux qui la connaissent bien ?...

Les caractéristiques psychologiques

Le niveau intellectuel global (Q.I.) constitue une indication utile dans une perspective vocationnelle, mais ce n'est pas la plus importante.

Le psychologue doit surtout pouvoir répondre aux questions suivantes : l'adolescent IMC est-il suffisamment apte sur le plan verbal ? est-il capable d'exécuter des tâches complexes ou doit-on limiter les exigences à des tâches simples ? Peut-il passer facilement d'une opération à une autre ou a-t-il tendance à s'installer dans des activités répétitives ? Apprend-il rapidement ou non des techniques nouvelles ?

En d'autres termes, le psychologue explorera l'usage et la compréhension du langage, la distractibilité, la capacité de discrimination perceptive, le bon sens, la fluidité idéationnelle et motrice, la persévération, la rapidité de compréhension et d'exécution, les capacités d'apprentissage, la fatigabilité et la persévérance. Par-dessus tout, le psychologue définira le statut émotionnel et social de son jeune client.

Encore une fois, l'examen doit être conduit dans une optique fonctionnelle, c'est-à-dire en tenant compte des conditions qui règnent habituellement dans un milieu de travail.

On appréciera la qualité des motivations, la tolérance à l'anxiété et aux frustrations, l'importance du besoin de sécurité et de protection, le réalisme des attitudes.

— Si l'IMC se trouve bien d'une surprotection parentale excessive, il ne pourra pas s'adapter dans un milieu de travail normal; il aura toujours l'impression que l'employeur l'exploite ou le persécute, il sera convaincu qu'on ne lui accorde ni l'attention ni la considération auxquelles il a droit.

— S'il a toujours été traité de telle sorte que ses caprices ont été satisfaits, il ne pourra pas supporter les inévitables frustrations qu'il rencontrera dans un travail quelconque, surtout pendant les premiers temps; il ne pourra pas supporter d'être critiqué ni d'être gratifié selon son seul mérite.

— S'il est anxieux, s'il ne se sent pas en sécurité, s'il a peur d'échouer, peur de rencontrer des gens, peur de se blesser, peur de se trouver seul, il est dans un état émotionnel incompatible avec l'exercice d'une activité dans un milieu compétitif.

— L'irréalisme des attitudes caractérise les IMC qui ont été élevés dans une tour d'ivoire. Nous avons fait allusion à cet irréalisme dans le chapitre II et nous avons fait l'hypothèse qu'il s'agissait d'un mécanisme de défense devant une réalité trop pénible à assumer telle quelle. Il reste que, vis-à-vis d'un engagement professionnel, cet irréalisme est un handicap, car l'adolescent IMC acceptera difficilement de fournir des efforts pour atteindre des buts qui se situent nettement en deçà de ceux dont il a rêvé ou que son entourage à fait miroiter à ses yeux.

— Enfin, et ceci passe pour nous avant toute autre considération, il faut que l'IMC ait le désir de réaliser certains objectifs, autrement dit qu'il dispose d'un système de motivations réelles et appréciables. S'il est passif, s'il laisse agir pour lui, s'il se contente de subir, il ne parviendra jamais à surmonter les innombrables obstacles qui se dresseront nécessairement sur son chemin.

L'apparence

Dans une perspective vocationnelle, l'apparence et la présentation du jeune client doivent être prises en considération, aussi cruel que cela puisse paraître quand il s'agit d'un IMC. Quelles que soient ses capacités et ses caractéristiques de personnalité, un éventuel employeur le jugera d'abord sur la manière dont il s'exprime, sur le fait qu'il grimace ou bave, qu'il est difforme ou au contraire ne « paraît » pas être atteint physiquement.

Le niveau éducationnel et l'expérience générale

Quand il s'agit d'envisager une activité pour l'âge adulte, li faut tenir compte de ce que l'IMC a appris à l'école et de la mesure dans laquelle il est capable de se servir de ce qu'il a appris. C'est ainsi que si un IMC est resté trop tributaire de « gadjets » dans l'utilisation de certaines techniques comme la lecture ou l'arithmétique, s'il n'a pas réussi à surmonter les troubles associés quand il se trouve dans des conditions non aménagées, on doit considérer que son acquis scolaire n'est pas utilisable professionnellement.

L'examinateur doit se méfier des cas de surentraînement et de pseudo-instruction qui peuvent se présenter surtout lorsque l'IMC a été élevé exclusivement en famille ou dans certains établissements soucieux, avant tout, de ne pas avoir d'ennuis avec les parents.

A côté de l'évaluation du degré réel d'instruction, il est souhaitable d'apprécier les connaissances extra-scolaires de l'adolescent IMC.

Nous savons combien celles-ci peuvent être pauvres. Le jeune homme ou la jeune fille valide de 15 ans possède une très grande masse d'information au sujet du monde qui l'entoure, du monde du travail, des relations interpersonnelles, du fonctionnement général de la société et ces connaissances sont d'une valeur inestimable dans la perspective du choix d'une occupation future; la plupart des adolescents IMC sont totalement ignorants dans ces domaines. Cette ignorance accentue d'ailleurs encore leur manque de réalisme déjà si prononcé.

Comment grouper les éléments du bilan ?

Il nous paraît utile de constituer trois rubriques :

— ce qui est positif et utilisable;

— ce qui est négatif et irrécupérable;

— ce qui est négatif mais pourrait être amélioré.

Voici quelques exemples.

Ce qui est positif et utilisable : une bonne orthographe et la capacité d'écrire à la machine à une vitesse raisonnable; une apparence quasi normale du visage, du tronc et des membres supérieurs...

Ce qui est négatif et irrécupérable : l'impossibilité de procéder à des soins de toilette sans aide; la nécessité de circuler dans une voiturette et celle de demander de l'aide pour passer d'une voiturette à une chaise et réciproquement...

Ce qui est négatif mais améliorable : une certaine anxiété dans les situations où interviennent plusieurs personnes ou des attitudes non réalistes vis-à-vis du salaire qui pourra être gagné...

De quelle manière seront interprétées les données du bilan ?

L'interprétation se fera en ayant à l'esprit les quatre issues énumérées ci-dessous :

— possibilité d'intégration dans une société compétitive normale;

— possibilité d'exercer une occupation normalement rémunérée dans un milieu un peu adapté;

— possibilité d'exercer une occupation partiellement rémunérée dans un milieu protégé;

— incapacité de subvenir à ses besoins.

Pour tenir sa place dans une société compétitive normale, l'IMC doit satisfaire aux exigences suivantes :

Psychisme

Posséder une intelligence normale ou de préférence supérieure à la moyenne et une stabilité émotionnelle suffisante pour permettre les relations interpersonnelles dans un milieu de travail.

Autonomie dans les activités de la vie journalière

Etre capable d'aborder les situations suivantes dans les limites d'une qualité acceptable : l'alimentation, la toilette, les manipulations fines et grossières, les déplacements à l'intérieur des maisons et à l'extérieur, seul et au milieu d'une foule; l'emprunt des transports publics, des escaliers et des autres dénivellations.

Communication

Un langage intelligible à chacun, en tête à tête et au téléphone; un graphisme lisible, propre et rapide, une écriture à la machine utilisable professionnellement constituent un minimum. De plus, l'IMC doit être normalement intéressé par tout ce qui se passe autour de lui, être désireux de ne pas se confiner au monde des handicapés et vivre vraiment dans la société et non en marge de cette dernière.

Si on en juge par cette énumération d'exigences, il est clair que l'orientation vers une profession totalement compétitive sera très rarement possible pour un adolescent IMC. Bien plus fréquemment, on sera amené à le diriger vers une activité professionnelle dans un milieu plus ou moins adapté. Il est possible de trouver des situations de ce genre, qui permettront à l'IMC d'être, financièrement au moins, indépendant, à condition de faire preuve d'ingéniosité et de réalisme dans l'exploration des possibilités du milieu.

Nous reviendrons sur ce sujet plus loin. Pour travailler dans un milieu quelque peu adapté, il faut au moins que l'IMC soit capable de se soigner pendant les heures de travail, qu'il puisse se nourrir (de sandwiches par exemple) à la mi-temps, qu'il soit capable de conserver une apparence nette et puisse exécuter impeccablement et sans aide les tâches pour lesquelles il a été engagé. De plus, il doit pouvoir se déplacer d'une manière indépendante, éventuellement en voiturette, à condition que les locaux s'y prêtent. Enfin, son langage doit être suffisamment intelligible pour lui permettre des communications sociales extra-professionnelles. Ses intérêts doivent être suffisamment variés et son état d'esprit assez agréable pour que sa présence au milieu d'une équipe de travailleurs valides ne constitue pas pour ces derniers une source de malaise et de gêne.

Si l'IMC ne peut pas répondre aux exigences que nous venons de formuler, il faudra l'orienter sans hésiter vers des situations protégées. Il s'agira soit d'ateliers aménagés intentionnellement pour recevoir des IMC, soit d'activités à domicile. Cette dernière solution peut être envisagée dans le cas où le milieu familial témoigne d'une bonne maturité affective, fait preuve de compréhension vis-à-vis des difficultés de l'IMC, est capable de lui assurer une vie sociale non exclusivement renfermée sur la cellule familiale. Lorsque ces conditions sont remplies et qu'en plus, il existe une petite entreprise familiale de type artisanal ou commercial, cela nous paraît même être la meilleure solution, bien que très souvent elle ne soit prise en considération qu'en dernier ressort.

Encore une fois, la décision ne pourra être prise qu'après une étude approfondie des possibilités offertes par le milieu dans lequel doit vivre l'IMC.

Enfin, si l'adolescent IMC n'est pas capable de se nourrir seul moyennant quelques aménagements, s'il ne peut se soigner à aucun moment, s'il ne peut quitter la voiturette, s'il doit être porté chaque fois qu'il doit monter ou descendre un escalier ou prendre une voiture, s'il ne peut pas s'habiller seul ni choisir ses vêtements, si son langage est réduit à des gestes ou à quelques grognements incompréhensibles, s'il ne peut écrire à la main, s'il n'est pas capable d'avoir quelques contacts avec des gens valides autres que ceux qui font partie de son environnement familial immédiat ou thérapeutique, alors il faudra bien admettre que l'IMC ne pourra avoir d'activité productive ni dans son milieu familial ni, a fortiori, en dehors. Dans ce cas, pénible entre tous, il faudra essayer de trouver à tout prix une occupation pour toutes ces heures inoccupées qui s'annoncent dans l'avenir; la télévision et la radio constituent sans doute les deux ressources les plus précieuses à cet égard.

LES POSSIBILITES DU MILIEU

L'exploration systématique des possibilités offertes par le milieu devrait faire partie de tout processus d'orientation professionnelle; c'est un aspect du travail à notre sens trop souvent négligé lorsqu'il s'agit de sujets valides; il ne peut l'être à aucun prix lorsque les consultants sont des handicapés.

Sans doute l'activité principale de l'orienteur consiste-t-elle à définir les capacités et les incapacités de son client; mais s'il se cantonne dans ce rôle, il arrivera souvent que les conseils qu'il donne ne pourront être suivis parce que les ressources du milieu ne s'y prêtent pas. Avec un handicapé moins qu'avec quiconque on ne peut négliger les contraintes de la réalité; c'est pourtant ce qui se produit souvent.

Celui qui travaille avec des handicapés épouse assez facilement l'irréalisme de ces derniers; il sait qu'ils ont déjà tellement plus de difficultés à vivre que les valides et il répugne à leur montrer que certains buts auxquels ils pourraient aspirer du fait de leur équipement physique et psychique sont cependant hors de portée à cause des lacunes dans l'aménagement du milieu. Et pourtant rien ne sert de se leurrer; si on ne regarde pas la situation en face, on court inévitablement à de sévères désillusions et à un regrettable gaspillage de temps et d'efforts.

Nous allons évoquer certaines situations où le réalisme est de rigueur. Il est peu sage d'encourager un IMC à rechercher un emploi compétitif, même s'il est potentiellement capable de l'assumer, quand on se trouve en période de basse conjoncture, c'est-à-dire quand de nombreuses personnes valides et compétentes cherchent elles-mêmes un emploi. Il ne faut pas engager un IMC dans une voie professionnelle sur la base de promesses qui ont pu lui être faites alors que ceux qui les ont faites n'avaient pas une juste perception de leurs implications; il vaut mieux tabler sur ce qui existe que sur ce qui sera éveutellement réalisé un jour. Il n'est pas raisonnable d'encourager un IMC à travailler en dehors de chez lui s'il existe dans le milieu familial des possibilités de travail assez satisfaisantes; même si le travail en famille présente un certain nombre d'inconvénients, il faut que l'IMC se rende compte que le travail comporte toujours des aspects négatifs, quel que soit l'endroit où on l'exerce.

Quand le bilan a été dressé et les possibilités du milieu soigneusement explorées, il s'agira de formuler des recommandations, de les présenter à l'IMC et aux personnes qui s'occupent de lui et de les discuter. Il n'existe pas de recette valable pour tous les cas; la marche à suivre, l'attitude à adopter, les arguments à utiliser dépendront des informations que l'on a pu recueillir tout au long de la mise au point.

C'est ainsi que l'on procédera de manière différente avec un adolescent qui a manifesté des attitudes très peu réalistes vis-à-vis de ses possibilités d'accomplissement, et vis-à-vis d'un autre adolescent qui a exprimé, au long de l'examen, des craintes lancinantes de l'échec. Ce qu'il ne faut jamais, c'est travestir la réalité, même si elle est très pénible; c'est épouser l'irréalisme de l'IMC ou de son entourage; c'est laisser miroiter un avenir dont on sait qu'il ne sera jamais possible. Ce qu'il faut faire, c'est dans tous les cas proposer des voies à suivre et des buts accessibles; on ne peut accepter qu'une situation soit sans issue. Il ne faut d'ailleurs pas se contenter de proposer des voies, il faut aussi fournir les informations qui permettent de les suivre.

Après qu'une décision a été prise de commun accord, la tâche de celui ou de ceux qui ont fait la mise au point vocationnelle n'est pas terminée. Il faut encore qu'ils prennent contact avec les personnes qui vont accueillir l'IMC.

S'il va travailler dans un milieu ouvert, adapté ou protégé, peu importe, des éclaircissements sur les mécanismes de son comportement et sur certaines caractéristiques psychologiques faciliteront grandement l'adaptation qui sera déjà, de toute façon, assez difficile à réussir et délicate.

Si on a conseillé à l'IMC de parfaire sa formation générale ou technique et si on a la chance de pouvoir l'envoyer dans un établissement qui assumera à la fois cette formation et la poursuite des traitements, il faudra organiser des réunions de travail au cours desquelles seront mises au point les conduites à adopter dans les différents secteurs en vue de permettre à l'adolescent IMC de se rapprocher des objectifs que l'on a fixés avec lui et aussi de porter remède à certains points négatifs du bilan.

Nous allons présenter maintenant le compte rendu détaillé d'une session de mise au point vocationnelle telle qu'elle est réalisée au Centre de Rééducation de Bruxelles.

Description d'une session de mise au point vocationnelle
au Centre de Rééducation pour IMC à Bruxelles

Conditions d'organisation des sessions.

Depuis longtemps, les handicapés avaient l'occasion, en Belgique, de se soumettre à des examens en vue du dépistage de leurs possibilités professionnelles; il faut bien reconnaître que ces examens, organisés dans la pure tradition psychotechnique, n'étaient guère efficaces.

En 1963, le Fonds National de Reclassement Social des Handicapés a été créé; ce Fonds a dans ses attributions l'évaluation des capacités professionnelles des handicapés, leur formation et leur placement. Il a accrédité un certain nombre d'établissements à pratiquer ces examens en les spécialisant selon divers types de handicaps; c'est ainsi qu'il existe quelques établissements d'expression française et néerlandaise qui pratiquent l'évaluation professionnelle des IMC et des handicapés neurologiques. Comme théoriquement, tous les handicapés belges relèvent du Fonds de Reclassement, ils peuvent bénéficier gratuitement de la mise au point vocationnelle, puisque c'est le Fonds qui subsidie les établissements qui organisent les examens.

Organisation pratique d'une session.

Quand un établissement a été agréé par le Fonds de Reclassement sur la base de la présentation d'un programme général, il est libre d'organiser les sessions d'examen selon ses propres critères. Il s'ensuit qu'il existe une très large dispersion dans les modalités d'organisation des sessions dont la durée, entre autres, peut varier entre une demi-journée et une dizaine de jours; de même, les méthodes varient très fort d'un établissement à l'autre. Ce que nous allons décrire maintenant a trait au Centre de Rééducation de Bruxelles où l'organisation des sessions a été mise au point par l'ergothérapeute G. Leborne et le psychologue M. Lauwens qui se sont inspirés des réalisations américaines et anglaises. Il va sans dire que le programme que nous allons décrire en détail est un programme provisoire, un programme d'essai qui sera certainement modifié et amélioré à la lumière des expériences qui se déroulent actuellement. Pour le moment, le Centre, pour des raisons d'équipement et de place, organise une session par groupe de quatre handicapés dont un peut être gravement atteint du point de vue moteur.

L'âge des candidats est très variable; idéalement, la mise au point devrait se faire quand l'IMC a terminé sa formation de base et quand son état est stabilisé, c'est-à-dire pendant l'adolescence; pratiquement, c'est le cas pour les IMC qui séjournent au Centre même, mais parmi ceux qui viennent de l'extérieur, il en est de tous les âges, avec un minimum de 17-18 ans.

D'ailleurs, on est d'avis au Centre qu'il est difficile de donner des conseils autorisés avant cet âge quand il s'agit de jeunes gens qu'on ne connaît pas depuis longtemps.

Le groupe se réunit pendant 10 journées, à raison de 7 heures par jour. Les candidats examinés arrivent tous les jours à 9 heures au Centre et y passent toute la journée, repas compris

Préparation de la session.

Avant de recevoir le handicapé, le psychologue et l'ergothérapeute préparent les dossiers et procèdent déjà à une première mise au point à partir des documents dont ils peuvent disposer; ceci permet évidemment d'aborder la session avec une connaissance partielle des candidats; de plus cette préparation évite de soumettre les candidats à des tests qu'ils ont déjà subis auparavant.

Déroulement de la session.

La session débute par une prise de contact au cours de laquelle on explique aux candidats pourquoi ils se trouvent réunis; il est d'observation courante que les IMC manquent du sens des réalités et n'ont bien souvent qu'une notion très vague de ce que sera leur avenir à tous les points de vue. Les organisateurs de la session se sont fixé comme objectif non seulement d'évaluer les capacités restantes des candidats, mais également de leur faire prendre conscience dans des bonnes conditions psychologiques de leur situation exacte.

Après l'accueil, les candidats sont invités à remplir un questionnaire qui va permettre une différenciation maximale du déroulement de l'examen. Voici quelques-unes des questions posées :

— Avez-vous déjà travaillé ? Si oui, quel travail avez-vous fait et où ?

— Que désirez-vous faire après le travail entrepris actuellement ?

— Que désirez-vous faire plus tard ?

— Comment envisagez-vous votre vie à l'âge de 20-25 ans ?

— A l'âge de 30-35 ans ?

— Quels sont vos hobbies ?

— Quelles sont vos difficultés ?

— Qu'espérez-vous de cette session ?

Etc.

Un des principes fondamentaux appliqués au Centre de Rééducation consiste dans la personnalisation de chaque examen. Celui-ci est fait, si l'on peut dire, « sur mesure », en respectant simplement quelques grands principes généraux, tout en s'adaptant pour chaque cas à la gravité du handicap, à la nature de la structure mentale, aux traits caractériels des différents candidats.

Tout au long des dix journées que durera la session, les candidats vont être soumis à un certain nombre de tâches qui ne seront pas les mêmes pour tous; ils travailleront parfois seuls mais aussi en groupe, ceci afin d'évaluer leurs réactions inter-personnelles. Le psychologue et l'ergothérapeute travailleront chacun de leur côté, mais en même temps en étroite collaboration; ils auront des discussions et des confrontations journalières de leurs constatations. Le psychologue procède à l'évaluation intellectuelle globale (Q.I.); ensuite, selon les besoins, il détermine la gravité des troubles associés, les caractéristiques mnésiques et certains aspects de la personnalité. Il peut aussi aider les candidats à éclaircir l'un ou l'autre problème d'ordre personnel, sexuel, sentimental, ou familial, qui les préoccupe. Selon la nature du problème et la personnalité du participant, il organisera des entretiens individuels ou des discussions si un même problème est soulevé par plusieurs candidats.

Quant à l'ergothérapeute, son activité se situe dans trois grands domaines :

— une évaluation du degré d'indépendance;

— la recherche des capacités physiques et en particulier des possibilités de manipulation dans diverses tâches;

— la recherche des voies qui s'ouvrent au handicapé dans le domaine professionnel, compte tenu des résultats qu'il a obtenus aux tests appliqués par le psychologue et aux observations faites par l'ergothérapeute.

Il faut faire remarquer que l'objectif n'est pas de déterminer quel est le métier qui convient à l'exclusion d'un autre, mais bien de proposer des domaines d'activités et le niveau auquel ces activités vont pouvoir s'exercer.

Tout l'examen sera dominé par le souci de procéder à des recoupements et d'intégrer les informations, quelle que soit leur origine : données d'ordre intellectuel, sensoriel, physique, caractériel, social, etc.

Dans toute la mesure du possible, le psychologue et l'ergothérapeute essaient de concilier les exigences d'un examen systématique par tests et le réalisme qui consiste à évaluer surtout dans quelle mesure le candidat est capable de se débrouiller dans les situations de la vie réelle. C'est d'ailleurs pour cette dernière raison qu'il serait souhaitable de pouvoir organiser une session d'évaluation « en continu », c'est-à-dire une session qui comporterait une vie en commun de tous les instants pendant 10 jours; l'équipement actuel du Centre ne permet pas de réaliser cet objectif.

Nous avons insisté sur la très grande souplesse qui doit présider à l'organisation des journées et à l'individualisation des approches.

Quelles sont les constantes ?

— tous les jours les sujets sont soumis à un certain nombre de tests de spécificité progressive;

— tous les jours le repas de midi est pris en commun avec le psychologue et l'ergothérapeute;

— tous les jours a lieu une discussion à laquelle participent tous les candidats, le psychologue et l'ergothérapeute;

— à la fin des dix journées, le groupe se sépare sans que des conclusions d'ensemble aient été données et avec la promesse d'en recevoir quelques jours plus tard.

Le travail post-session.

Lorsque la session est terminée, il reste à l'équipe qui a procédé à l'investigation un très lourd travail à effectuer. Il lui faut d'abord dépouiller tous les documents qui ont été réunis, interpréter les résultats, intégrer l'ensemble des données en un tout cohérent. Ensuite intervient le placeur du Fonds de Reclassement. Il s'agit d'un fonctionnaire spécialisé dans les problèmes de formation professionnelle et de placement des cas difficiles. Il a un échange de vues avec le psychologue et l'ergothérapeute au cours duquel sont précisées les caractéristiques des candidats et d'autre part les conditions actuelles du point de vue des offres d'emploi et des réalités économiques.

Lorsque l'équipe est arrivée à une vue claire de l'ensemble de la situation, le candidat est convoqué pour la remise des conclusions. Toutes les personnes qui ont participé à la session assistent à la réunion, ainsi que les personnes intéressées au devenir du handicapé; ce seront dans la plupart des cas les parents, mais éventuellement une tierce personne qui s'est occupée du candidat. Les conclusions seront données en termes généraux (les résultats aux tests ne sont pas détaillés); de même en ce qui concerne les perspectives d'avenir, il ne peut être question de conseiller un métier précis ni de prononcer des exclusives. Ce qu'il faut, c'est mettre en garde l'IMC et son entourage contre les mirages et en même temps, proposer des buts raisonnables pour lesquels on détaille les conditions d'atteinte.

Et après ?

Théoriquement, à la suite de la mise au point, c'est le Fonds de Reclassement qui prend le candidat en charge et qui assure sa formation ou son placement, mais il est souhaitable que l'équipe qui a procédé à l'évaluation pratique un certain « follow-up » de manière à éviter que le cas ne se perde dans l'anonymat.

Pour terminer cet avant-dernier chapitre, nous allons présenter le cas d'Anne-Sophie, ce qui nous donnera l'occasion de montrer comment nous concevons l'éducation d'un jeune IMC, la mise au point vocationnelle et le travail d'équipe.

Anne-Sophie

Anne-Sophie est une jeune Noire qui est née en 1952. Par une suite de hasards heureux, elle entre au Centre de Rééducation de Bruxelles en 1962.

Une assistante sociale l'a véritablement « découverte » et l'a envoyée en avion à Bruxelles, où elle séjourne depuis lors sans autres contacts que ceux que lui procure le Centre. Diagnostic : choréo-athétose bilatérale avec signes pyramidaux.

Anne-Sophie est très gravement handicapée au moment de son arrivée.
Description de l'état de la motricité : les membres supérieurs, les poignets et les doigts sont en flexion, le pouce en adduction, surtout à gauche. On ne note pas de raideur des articulations. Les membres inférieurs manifestent de la raideur au niveau des adducteurs et des fléchisseurs des hanches; le pied est en adduction réductible passivement plus ou moins jusqu'à angle droit; on note des mouvements involontaires des membres supérieurs et des membres inférieurs. Anne-Sophie présente une hernie ombilicale et un ventre relâché. Le réflexe tonique du cou est plus marqué lors de la rotation de la tête à droite; le réflexe de la marche est positif; il y a un réflexe d'extension des membres inférieurs et du tronc; le réflexe de défense est absent. Le relâchement involontaire est presque impossible; l'équilibre en assis jambes pendantes est très mauvais et les chutes vers la gauche sont fréquentes; Anne-Sophie ne peut ni progresser à quatre pattes ni s'asseoir en assis croisé ni en position agenouillée.

Du point de vue psychologique, il eût été ridicule de tester Anne-Sophie avec des épreuves prévues pour des enfants européens. Néanmoins, son comportement laisse prévoir une intelligence normale, peut-être même supérieure. Anne-Sophie s'intéresse à tout ce qui se passe autour d'elle, ses possibilités d'apprentissage sont très grandes, sa rapidité de compréhension également; elle assimile le français avec beaucoup de facilité, son attention est bonne.

Anne-Sophie s'est bien adaptée au Centre, où elle a l'air heureuse; elle n'a bien entendu aucune notion de discipline, mais est très aimable et a de bons contacts avec tous ceux qui s'approchent d'elle.

Lors des premières réunions plénières, les recommandations portent surtout sur l'apprentissage du français, l'acquisition du plus d'informations possible et d'un vocabulaire étoffé; il faut aussi qu'elle apprenne les termes qui correspondent à des notions abstraites, termes dont il n'existe pas d'équivalent dans sa langue.

Les activités de la vie journalière doivent être entraînées. Anne-Sophie est incapable de saisir un objet à deux mains; elle peut boire avec une paille et manger un biscuit de la main droite; elle ne peut pas tenir un verre en main. La main droite est meilleure que la gauche, mais il lui est difficile de lâcher un objet à cause de l'adduction des pouces. Elle est bien entendu incapable de s'habiller, de se déshabiller et de faire sa toilette.

Un an plus tard, on peut établir un premier bilan des débuts de la rééducation.

Aux tests de développement moteur, Anne-Sophie a gagné cinq mois en trois mois, les progrès sont donc rapides.

Dans les activités de la vie journalière, elle a également fait de sérieux progrès; elle est capable de manger seule une tartine, de boire au gros chalumeau; elle se sert d'une cuiller et collabore activement au déshabillage.

Le vocabulaire a considérablement augmenté; elle est capable d'articuler tous les phonèmes, mais on note des confusions auditives, notamment entre sourdes et sonores; il n'y a pas de troubles moteurs au niveau des organes phonateurs.

En classe, elle a commencé l'apprentissage de la lecture par la méthode Borel-Maisonny. Elle lit des syllabes, des mots et des phrases. Elle ne rencontre pas de difficultés en orthographe, en grammaire, en calcul.

Au point de vue affectif, on peut dire qu'Anne-Sophie est une enfant bien équilibrée; elle exprime ses sentiments de manière très démonstrative; elle semble très heureuse au Centre parce qu'elle y apprend des choses passionnantes; mais elle s'est rendue compte malheureusement des limites de ses possibilités physiques et de ses manques culturels, ce qui l'amène de temps à autre à exploser en des colères assez violentes. Elle est très sociable, elle participe aux ennuis et aux chagrins des autres enfants et voudrait les aider.

A 13 ans, on signale des progrès dans tous les secteurs : kinésithérapie, ergothérapie, logopédie, enseignement.

Par exemple, elle est capable de faire rouler sa voiturette à l'aide d'une main; elle fait de grands progrès à la machine à écrire, elle tape avec une adaptation buccale et connaît bien le clavier; en classe elle apprend les conjugaisons, elle éprouve encore quelques difficultés de vocabulaire mais ne laisse pas passer un mot sans demander sa signification, sa compréhension générale d'un texte en lecture silencieuse est très bonne; elle peut faire d'excellents résumés oraux d'un texte lu.

Du point de vue affectif, elle reste bien adaptée dans un groupe, elle est très collaborante, apporte beaucoup d'idées, mais est fort limitée par ses handicaps physiques; elle est toujours très active, très intéressée par la vie de la classe, sensible à ce qui l'entoure, au comportement des autres; elle est très susceptible et aime que l'on s'occupe d'elle; elle est très volontaire et possède un grand désir de bien faire.

Vers 14 ans, il semble que les progrès ralentissent dans tous les domaines. Elle reste bien intégrée et collaborante, mais on ne signale plus autant d'améliorations que dans le passé. Anne-Sophie arrive à l'âge où la plupart des IMC du même type qu'elle se stabilisent.

A 16 ans, on estime qu'il est temps de faire une mise au point et de prévoir l'avenir.

On profite du passage à Bruxelles de l'assistante sociale qui l'a connue dans son pays natal (où elle tient un home pour enfants handicapés) pour faire l'évaluation professionnelle.

Il faut dire qu'Anne-Sophie fait preuve d'un manque total de réalisme dans ses projets; elle voudrait rester en Belgique et s'imagine qu'elle pourra gagner suffisamment d'argent en exerçant le métier de secrétaire pour faire venir ses parents près d'elle et les entretenir. Au Centre, on estime au contraire qu'il faut trouver une formule qui lui permette de retourner dans son pays et d'y exercer une certaine activité en dehors de son milieu familial.

Voici quels sont les principaux résultats de l'évaluation préprofessionnelle.

— Pour-cent d'invalidité : 100 %

— Quotient intellectuel : 90 ?

— Niveau atteint en classe : Français : 4e-5e année. Calcul : 2e-3e année.

Activités de la vie journalière.

— Anne-Sophie est dépendante pour les repas, la toilette et l'hygiène; son aspect extérieur est propre et agréable; l'écriture à la main est impossible, l'écriture à la bouche permet la signature; Anne-Sophie écrit à la machine électrique à l'aide d'une orthèse buccale; son élocution est compréhensible mais le débit en est saccadé.

Emploi fonctionnel des membres.

La locomotion se fait en chaise roulante; les membres supérieurs sont non fonctionnels.

Analyse des comportements pendant le travail.

— Anne-Sophie peut travailler assise, avec ou sans appareils aux membres inférieurs, dans sa chaise roulante ou sur une chaise normale avec une ceinture qui l'empêche de tomber. Elle ne peut transporter des objets en chaise roulante.

— Elle suit très bien des instructions orales, un peu moins bien les instructions écrites; elle est vite distraite.

— La vitesse d'apprentissage est supérieure.

— L'attention est labile et l'endurance faible au point de vue physique.

— Le rythme est de qualité fort inférieure.

— Les méthodes d'organisation d'Anne-Sophie sont très personnelles; elle réalise très mal les implications d'une situation et les conséquences de ses attitudes; elle s'organise en fonction de son succès personnel.

— La mémoire à long terme est bonne, la mémoire immédiate l'est un peu moins.

— Le soin qu'elle apporte à son travail est bon.

— Sa ponctualité est parfaite.

Analyse du comportement social.

— Anne-Sophie est impulsive; dans ses rapports avec autrui, elle est très démonstrative; elle « aime » ou « n'aime pas ». Elle désire être le centre des intérêts mais elle est capable d'amener les autres à se plaire en sa compagnie.

— Elle est très peu réaliste devant ses résultats; elle ignore ceux qui sont mauvais; en fait, elle ne se connaît pas bien.

Exploration des possibilités du milieu.

L'équipe du Centre de Rééducation organise une entrevue avec l'assistante sociale qui s'est toujours intéressée à Anne-Sophie. On lui expose la situation de Anne-Sophie, ses capacités et ses limites. L'assistante sociale considère qu'elle pourrait l'engager dans son centre pour handicapés comme aide-éducatrice et comme collaboratrice pour les petits travaux de bureau. Elle pourrait écrire et calculer à la machine, répondre au téléphone et servir d'assistante à la réception. Elle pourra satisfaire à ces différentes tâches après avoir subi un entraînement adéquat. Il est décidé qu'Anne-Sophie recevra cet entraînement au cours de l'année prochaine, après quoi elle rentrera dans son pays.

Recommandations fournies à l'équipe du Centre de Rééducation.

L'ergothérapeute expose à toute l'équipe les résultats de l'évaluation préprofessionnelle et les résolutions qui ont été prises.

Il est décidé :

— D'entreprendre un apprentissage intensif et très pratique de la machine à calculer, de la machine à écrire électrique et du téléphone.

— On va aussi donner à Anne-Sophie une initiation à l'organisation de jeux et de travaux manuels légers; on lui confiera des petits groupes d'enfants qu'elle sera chargée d'occuper.

— On va essayer de lui inculquer le sens du travail, de l'organisation et un maximum d'expériences pratiques.

— On tentera de la rendre plus réaliste et de lui faire accepter de bon cœur la solution que l'on entrevoit pour elle.

— On lui donnera une information sur la géographie et l'histoire de son pays; on lui réapprendra sa langue maternelle.

Par-dessus tout, il est décidé de ne plus traiter Anne-Sophie comme une enfant mais bien comme une adulte qui sera bientôt chargée de certaines responsabilités et obligée de faire preuve d'initiative. L'équipe du Centre a un an pour réaliser ces objectifs.

CHAPITRE VIII

DEMAIN

Que vont-ils devenir quand ils seront adultes ? Voilà la question devant laquelle tous ceux qui s'occupent de jeunes IMC se sentent mal à l'aise, et il y a de quoi !

Quelques enquêtes ont été menées et ce qu'elles nous apprennent n'est guère encourageant et hélas concordant.

A de rares exceptions près, les IMC devenus adultes restent isolés ou médiocrement intégrés au point de vue social et professionnel; ceci est vrai quels que soient les progrès qu'ils ont réalisés sur le plan physique, quel que soit leur niveau d'instruction, et bien qu'ils puissent dans de nombreux cas agir de manière quasi indépendante pour les activités de la vie journalière.

Il semble bien que les traces visibles de l'infirmité motrice d'origine cérébrale restent l'équivalent d'une tare vis-à-vis de laquelle reculent les employeurs, les bien portants en général et les éventuels partenaires de l'autre sexe.

Est-ce à dire que les efforts que l'on déploie pour traiter et éduquer les jeunes IMC sont inutiles ? Faut-il laisser tomber les bras ?

Nous sommes d'avis que, ce qu'il faut, c'est regarder la situation en face et cesser de pratiquer une politique de l'autruche. Nous pensons que la discordance que l'on observe entre l'importance de l'action envers les jeunes IMC et les résultats auxquels ils arrivent à l'âge adulte provient de ce qu'on néglige de traiter le problème dans son ensemble.

Selon les orientations, les uns se préoccupent du dépistage précoce, d'autres de la défense des intérêts matériels des parents, d'autres encore de la mise au point et de l'application de nouvelles méthodes de traitement ou d'enseignement... Chacun agit dans un secteur sans se préoccuper de ce qui se passe ailleurs et de ce qui se passera plus tard.

Or, ce qu'il faut, c'est une politique d'ensemble vis-à-vis de tous ceux qui ne peuvent se défendre seuls dans notre société hautement compétitive. Il y a des problèmes spécifiques aux IMC, mais il est incensé de vouloir les résoudre en isolation.

Quels sont les points principaux sur lesquels devrait porter une politique intelligente d'aide aux handicapés ?

Le dépistage.

Dans le domaine des handicaps physiques et psychologiques, le dépistage précoce est une nécessité; grâce à lui, on épargne souvent beaucoup de travail, beaucoup d'efforts, et ce qu'on fait conduit à de bien meilleurs résultats. C'est au niveau des consultations pour nourrissons, des consultations pédiatriques des hôpitaux, des crèches, et aussi des services médico-psychologiques scolaires que l'action doit être entreprise. Qui dit dépistage efficace pense personnel compétent; ceci nous amène au second point :

La Formation et l'Information.

Tous ceux qui sont susceptibles d'entrer en contact à un moment ou un autre, pour diverses raisons, avec des enfants handicapés, doivent être sérieusement informés des problèmes que posent ces derniers; il s'agit donc de diffuser l'information dans le corps médical, parmi tous ceux qui exercent des professions para-médicales (kinésithérapeutes, logopèdes, infirmières,...), parmi le corps professoral, les assistantes sociales, etc. Toutes ces personnes devraient avoir le réflexe d'adresser les cas suspects qui viennent à leur connaissance à des organismes susceptibles de faire le point, de porter un diagnostic et de tracer une ligne de conduite pour l'avenir.

Il s'agit jusqu'à présent d'information; bien entendu tous ceux qui sont amenés à s'occuper des handicapés doivent recevoir une très solide formation. Dans ce domaine, la bonne volonté, le dévouement, le bon sens même ne suffisent pas. Par ailleurs, la formation ne doit surtout pas être livresque et académique; le travail avec toutes les variétés de handicapés implique bien sûr des connaissances théoriques solides mais surtout de très nombreux exercices pratiques, des stages prolongés, qui permettent aussi bien d'apprendre les techniques que de se rendre compte si on est vraiment apte à exercer un travail aussi délicat et aussi éprouvant.

La création et la multiplication des centres de diagnostic.

Si nous dissocions ceux-ci des centres de traitement, c'est parce que nous sommes d'avis que le centre de diagnostic ne doit pas être orienté vers un seul type de handicap. Nous pensons que beaucoup d'erreurs seraient évitées et beaucoup de temps gagné si les enfants qui posent des problèmes d'ordre physique ou psychologique pouvaient être envoyés vers des centres, où fonctionnerait une équipe importante dont les membres seraient spécialisés dans les différentes formes de handicaps.

L'organisation des centres de traitement.

Nous pensons qu'il ne manque pas de centres de traitement, mais que certaines catégories de handicapés sont mal lotis, alors que d'autres sont plutôt gâtés. C'est ainsi qu'en Belgique, il n'existe pas d'endroit où des handicapés moteurs sévèrement atteints et intelligents puissent poursuivre leurs études dans de bonnes conditions.

Le follow-up.

C'est le point sur lequel nous insisterons le plus. Il faudrait que tout cas dépisté soit suivi pendant toute son existence, s'il s'agit d'un handicapé incurable, et jusqu'à sa guérison, s'il s'agit d'un handicapé susceptible de récupérer complètement.

Nous sommes loin de compte; nous nous occupons pendant de nombreuses années de jeunes handicapés, et du jour au lendemain, ils retournent dans leur famille et on n'entend plus parler d'eux. D'ailleurs quand, par hasard, certains échos parviennent à leur sujet, ce sont généralement des échos fort tristes.

Les handicapés chroniques sont des personnes qui doivent être suivies d'une manière permanente; sinon il ne sert à rien de commencer un traitement ou une rééducation.

L'aménagement du milieu.

Nous avons déjà parlé de ce problème dans le premier chapitre de cet ouvrage; nous estimons que jamais les handicapés physiques ne pourront mener une vie normale si on ne procède pas à certains aménagements des bâtiments et des endroits publics. De tels aménagements : plans inclinés, ascenseurs permettant l'entrée d'une voiturette, etc., devraient être prévus automatiquement chaque fois que s'élève une nouvelle construction.

Organisation des services pour handicapés adultes.

Il n'existe pas grand-chose pour les handicapés physiques adultes. Les quelques réalisations que nous connaissons émanent de petits groupements et ont une existence des plus précaires. Ce n'est pas cela que nous souhaitons; les handicapés physiques adultes devraient pouvoir faire appel à des services aussi bien organisés et aussi nombreux que ceux qui existent pour les jeunes. Ceci implique :

— Des centres pour la continuation des traitements, des centres de contrôle et de mise au point sur le plan physicothérapique et ergothérapique.

— Des locaux récréatifs et culturels, où les handicapés physiques peuvent se réunir sans rencontrer des obstacles architecturaux infranchissables.

— Des offices qui s'occupent de l'orientation professionnelle et du placement. Ceux-ci existent, comme nous l'avons expliqué dans le précédent chapitre, mais l'information qui les concerne est encore peu répandue.

— Des centres de consultation psychologique; il faut admettre qu'il est difficile d'être à la fois handicapé physique et bien équilibré psychiquement. Les handicapés physiques devraient savoir où ils peuvent s'adresser pour recevoir une aide dans la solution de leurs problèmes personnels d'ordre affectif; pour éclaircir certains points d'inadaptation sur le plan sexuel ou sentimental ou social...

En conclusion, il importe que cesse le procédé qui consiste à s'en remettre à des initiatives privées pour résoudre des problèmes qui concernent la société tout entière; il ne faut pas que certaines réalisations se fassent uniquement parce que des pressions se sont exercées sur des hommes politiques; il faut que chacun se sente concerné par le problème de l'intégration des handicapés de toutes sortes dans la communauté. La vie d'un handicapé ne doit pas devenir un enfer à partir du moment où disparaissent ses parents ou la personne dévouée qui s'est occupée de lui. Un handicapé physique ne devrait pas être plus lié à la cellule familiale qu'un jeune adulte valide; l'un comme l'autre ont le droit de constituer eux-mêmes une cellule nouvelle et indépendante; dans le cas des handicapés, il faut pour cela que la société fournisse une certaine aide, un certain appui et surtout se débarrasse de ses préjugés et de ses réactions affectives inconscientes ou mal contrôlées.

CHAPITRE IX

LES LESIONS CEREBRALES
ET LES DYSFONCTIONNEMENTS
NEURO-MOTEURS A MINIMA :
DE QUOI S'AGIT-IL ?

Il ne se passe pas de semaine, voire même de jour, surtout à la fin de l'année scolaire, sans que l'un ou l'autre article ne paraisse dans les magazines ou les journaux, traitant du problème lancinant des échecs scolaires. Des statistiques inquiétantes les concernant sont publiées et de plus affolantes encore circulent de bouche à oreille.

Nous ne pouvons plus ignorer qu'il s'agit d'une plaie qui atteint la majorité des enfants en âge d'étudier, et qui n'épargne même plus les jeunes enfants à l'aube de la scolarité. Nous avons même découvert récemment que la notion d'échec voire de redoublement de classe pénétrait à l'école maternelle !

Ces informations ont inévitablement et heureusement provoqué la mise en route de nombreuses initiatives visant à remédier à une situation jugée intolérable. Hélas, ces initiatives portent trop souvent la marque de l'improvisation; elles ne sont que rarement sous-tendues d'une réflexion théorique suffisante et, ce qui est le plus grave à nos yeux, elles ne découlent jamais que d'analyses ponctuelles souvent viciées par des a priori divers concernant l'étiologie des difficultés rencontrées par les écoliers.

Pendant longtemps et « objectivement » depuis la mise au point de la notion de Q.I., on a invoqué la médiocrité intellectuelle globale — éventuellement « expliquée » par un déficit sensoriel — comme cause principale sinon unique de l'échec scolaire.

Le mauvais élève était soit un malheureux débile mental, soit un mal-voyant ou un mal-entendant que l'on pouvait aider en lui faisant porter des lunettes ou en l'envoyant dans une école spécialisée.

S'il n'entrait pas dans l'une de ces catégories, il ne restait qu'à l'inonder de punitions ou de leçons particulières destinées à le corriger de sa paresse ou de sa méchanceté. Cette manière de voir devient insoutenable quand le pourcentage des échecs s'élève au-delà d'un certain seuil, et de nouvelles hypothèses ont vu le jour. Ainsi, tour à tour ou simultanément, le manque de qualité de l'environnement culturel, des relations affectives mère-enfant, de l'équipement instrumental, du développement psycho-moteur ont été mis en cause. D'innombrables études sont menées, presque toujours sur le même schéma, celui d'une comparaison entre les performances d'un groupe appelé expérimental (culturellement défavorisé ou affectivement perturbé ou troublé sur le plan moteur ou instrumental) et celles d'un groupe témoin.

Presque toujours, elles débouchent sur l'observation de différences significatives entre les deux groupes, quelles que soient d'ailleurs la ou les variables que l'on prend en considération.

Ce qui est intéressant à noter, c'est que, selon les moments, les endroits et les personnes, des points de vue très différents sont défendus avec passion, sur base des résultats obtenus dans l'une ou l'autre de ces études sans que l'on songe à les mettre en relation avec d'autres résultats de manière à traiter le problème d'une manière globale. De véritables engouements s'emparent des milieux qui s'occupent de l'enfance; le point de vue à la mode fait l'objet de colloques, de publications; la politique et le commerce s'en emparent plus ou moins discrètement; les idéologies s'en mêlent et très vite on voit éclore des méthodes d'éducation, de rééducation ou de psychothérapie qui visent à modifier l'une ou l'autre caractéristique observée plus fréquemment chez les enfants qui éprouvent des difficultés dans les apprentissages scolaires, sans que l'on ait prouvé auparavant qu'il existait bien, au niveau individuel, un lien entre la qualité de la caractéristique et celle du rendement scolaire. Nous relevons là une erreur qui n'est malheureusement pas rare dans les publications psycho-pédagogiques et qui consiste à confondre « fréquence d'occurrence » et « importance » d'un phénomène. Nous ajouterons cependant immédiatement, pour tempérer notre critique, que l'efficacité d'une intervention quelconque sur une des dimensions discriminatives d'une situation dans laquelle sont engagés des sujets humains est difficile à mesurer. Le seul fait de s'occuper activement d'un groupe d'enfants caractérisé par l'un ou l'autre handicap a beaucoup de chances de modifier leurs attitudes et, statistiquement, d'améliorer leur rendement scolaire (ce phénomène est bien connu dans les milieux industriels sous la dénomination d'effet « Western electric », du nom d'une expérience célèbre au cours de laquelle on a fait varier les conditions de travail d'un groupe d'ouvrières tantôt de manière favorable, tantôt de manière défavorable, enregistrant chaque fois des améliorations de leur rendement au travail).

Mais pourquoi aborder le problème des échecs scolaires et des mesures destinées à les diminuer ou à les prévenir dans un livre consacré aux enfants IMC ? La réponse est simple : depuis quelques années et concurremment avec les approches « culturelles » et « affectivo-relationnelles » de ce problème, s'affirme de nouveau et de plus en plus une conception « organiciste » ou « neurologique » des inadaptations psychologiques diverses de l'enfant, et plus particulièrement de ses inadaptations scolaires.

Les fluctuations de l'importance attribuée aux facteurs internes et externes dans la génèse des comportements mériteraient d'être étudiées d'un point de vue psychologique, sociologique, voire idéologique, mais ce qui nous importe ici, c'est de veiller à ce qu'on ne se fixe pas sur des hypostases, c'est-à-dire sur des entités abstraites et arbitraires que l'on prend petit à petit pour des réalités, phénomène d'autant plus dangereux en l'occurrence que, comme nous l'avons déjà écrit, ces hypostases donnent naissance comme à plaisir à des méthodes d'intervention psychopédagogiques ou psychothérapiques, avec le risque de passer à côté des problèmes réels.

Dans le cas particulier de l'approche neurologique des difficultés scolaires de l'enfant, nous devons nous interroger sur la légitimité, les avantages et les dangers de dénominations telles que « dysfonctionnement neuro-moteur a minima » ou « lésion cérébrale a minima » ou « minimal brain damage » qui se réfèrent à une présumée pathologie du système nerveux central — légitimité de la référence à un état cérébral particulier, compte tenu des informations qui sont fournies par les études sérieuses en la matière — avantages en regard d'une meilleure compréhension du phénomène de l'inadaptation scolaire — dangers dans la mesure où ces dénominations font entrer les enfants qui en sont affublés non seulement dans la catégorie des cas-problèmes mais dans celle des cas pathologiques avec toutes les conséquences que cela suppose au niveau des interventions, qui risquent de ne plus être psychopédagogiques mais médicamenteuses — sans oublier les effets de telles dénominations sur la perception de l'enfant par lui-même, ses parents, ses professeurs et ses pairs. (Nos inquiétudes ne nous paraissent pas exagérées en regard des informations qui nous parviennent non seulement des U.S.A. et du Canada, mais également de nos pays européens; la prescription d'amphétamines et de méthylphénidate entre autres devient de pratique courante quand le comportement d'un enfant dérange la tranquillité de la maison ou de la classe, et les articles se multiplient qui font état des améliorations observées, l'emploi de médicaments étant évidemment justifié par l'origine « organique » des troubles.)

Comment ces concepts ont-ils acquis droit de cité dans le monde des psychologues et des pédagogues ?

Comment les neurologues s'en accomodent-ils ?

Nous allons voir que le chemin à suivre est tortueux et s'apparente à certains moments au cercle vicieux; les glissements de sens sont fréquents, les extrapolations parfois hardies, les déductions parfois à la limite du sophisme.

Première étape : nous observons le développement de deux courants de pensée.

D'une part, après une longue période où l'on ne différencie pas « atteinte intellectuelle globale » et « atteinte spécifique de certaines fonctions » dans les cas de lésions cérébrales acquises, nous voyons se dégager progressivement un ensemble de connaissance relatives au fonctionnement différencié de la sphère cognitive, d'abord chez les adultes atteints de lésions cérébrales puis chez les enfants IMC, et la notion de « troubles associés » fait son apparition.

Sans doute a-t-on un peu perdu de vue que les similitudes entre les détériorés cérébraux adultes et les IMC
doivent être maniées prudemment. Dans le cas des IMC,
les lésions cérébrales existent depuis le début de la vie et
la période de développement psychique accéléré des premières années de la vie se déroule donc dans des conditions anormales.

Les adutles qui souffrent de lésions cérébrales acquises
ont, eux, connu un développement normal et nous pouvons
dire qu'au moment où survient l'accident cérébral, nous
nous trouvons devant une détérioration à partir d'un
acquis alors que chez les IMC ce sont les acquisitions et
l'installation des fonctions qui ont été troublées.

Cette différence est très importante mais nous ne nous y
attarderons pas, non plus que nous ne rappellerons ce
que nous avons écrit au sujet des troubles associés chez
les enfants IMC (voir p. 21 et suivantes).

Simultanément, en ce qui concerne l'enfant tout-venant
en âge d'aller à l'école, l'approche du fonctionnement
intellectuel se dégage de la conception globalisante à la
Binet-Simon pour s'inspirer de Piaget, de Wallon, d'Aju-
riaguerra ou des travaux des factoristes anglo-saxons, dont
Thurstone et Guilford sont incontestablement les chefs de
file.

De tous côtés l'attention se porte sur l'évaluation des
possibilités praxiques et gnosiques des jeunes enfants,
considérant que l'intégration des gnosies et des praxies est
à la base de la structuration et de l'organisation du temps
et de l'espace.

Des concepts comme ceux de schéma corporel, de latéralisation, d'organisation séquentielle des réponses, d'ins-
trument, sont mis en avant.

De même, le développement moteur des enfants reçoit
une attention accrue et par rapport à un modèle idéal de

comportement apparaissent des concepts comme ceux d'instabilité psycho-motrice et d'hyperkinésie. L'instable psycho-moteur ou l'enfant hyperkinétique développe des activités motrices incessantes, dispersées, peu efficaces; il est maladroit et présente des réactions exagérées et ina- déquates à toutes les stimulations motrices, sensorielles, affectives; son attention est fluctuante, il est facilement distrait et ses performances se détériorent à la répétition.

Deuxième étape : une sorte de jonction s'opère entre les deux courants : on s'aperçoit que ce qu'on appelle « trou- bles associés » chez le lésé cérébral adulte ou enfant res- semble de prime abord à ce qu'on appelle « troubles instrumentaux », « troubles spatiaux » ou « troubles per- ceptifs », chez un enfant qui n'est pas un IMC mais qui ne réussit pas bien les tests instrumentaux ou spatiaux, ou perceptifs; il se pourrait que la seule différence soit quan- titative, les troubles associés des IMC étant plus « graves » que ceux des non-IMC.

De même, la description du comportement de l'enfant hyperkinétique ressemble à celle qu'on peut faire de beau- coup d'enfants IMC, du moins si on omet de signaler que ces derniers présentent aussi au niveau de la motricité des mouvements athétosiques ou de la spasticité ou de l'ataxie ou des tremblements, ou une combinaison de ces troubles, ce qui n'est jamais le cas pour les non-IMC.

Il n'en faut pas plus pour que certains introduisent la notion de « lésion cérébrale a minima », de « minimal brain damage » à partir du raisonnement suivant : si les lésés cérébraux authentifiés par l'examen neurologique présentent des troubles perceptifs, spatiaux, instrumentaux, etc., et le syndrome hyperkinétique, si d'autre part certains enfants non-IMC présentent, à un degré moindre, ces mêmes troubles et syndrome, alors, ces enfants sont des lésés cérébraux moins gravement atteints — nous les appellerons des lésés cérébraux a minima.

Que vaut un tel raisonnement ?

1) Les troubles associés dont sont atteints les IMC se traduisent non seulement par des notes basses aux tests spécifiques mais surtout par des styles de conduite abérrants; c'est toute la manière d'exécuter la tâche qui est différente de celle des non-IMC. En d'autres termes, la différence dans les réponses des IMC et des non-IMC aux tests n'est pas seulement quantitative mais qualitative, alors que la différence entre les enfants non-IMC, mais mauvais aux tests et les autres enfants est uniquement quantitative — c'est-à-dire qu'ils réussissent un moins grand nombre d'item et se situent par conséquent dans la zone inférieure de l'étalonnage. De plus, ce sont les bizarreries dans les « manières de faire » qui expliquent pourquoi les performances des enfants IMC sont si souvent impossible à noter, à évaluer, ou sortent tout à fait des normes établies.

2) Comme nous l'avons déjà signalé, le syndrome hyperkinétique s'inscrit chez l'enfant IMC, dans un tableau de troubles moteurs (spasticité, athétose, …) dont l'origine lésionnelle est certaine; chez les non-IMC il n'est pas rattaché à de tels troubles moteurs même discrets.

3) En ce qui concerne les IMC, on n'a jamais établi une liaison directe entre l'importance des lésions et la gravité des troubles moteurs ou intellectuels ou instrumentaux chez un sujet donné; donc, il n'y a pas de raisons de croire qu'à des troubles relativement légers correspondent des lésions a minima. La formule A est à B comme C est à D n'est pas applicable dans ce cas-ci.

On peut conclure de ce qui précède que la notion de lésion cérébrale a minima repose sur des bases très fragiles. On pourrait tout au plus la considérer comme une hypothèse à vérifier; il est certain que l'on trouve dans la littérature scientifique un certain nombre d'hypothèses qui se sont révélées fécondes et qui ne reposent pas sur des bases plus solides, du moins en apparence.

Malheureusement, au lieu de considérer l'existence des lésions cérébrales a minima comme une hypothèse, on l'a admise comme un fait établi et le cercle vicieux s'est refermé sur lui-même; les mauvais résultats aux tests ou la présence du syndrome hyperkinétique sont « expliqués » par une lésion cérébrale a minima et l'existence d'une lésion cérébrale est affirmée à partir de l'obtention de mauvais résultats aux tests ou de l'observation du syndrome hyperkinétique.

En tant que spécialiste des méthodes d'investigation psychologique, nous tenons à dire fermement que les tests qui existent à l'heure actuelle ne permettent pas de déceler d'une façon suffisamment certaine une lésion cérébrale, a fortiori de donner à son sujet une précision quand à sa gravité en lui accolant l'expression a minima.

Les tests sont des outils précieux pour formuler des hypothèses mais lorsque ces hypothèses concernent un état organique c'est aux techniques neurologiques qu'il faut faire appel pour les vérifier. Une voie prometteuse pour une meilleure utilisation des épreuves psychologiques en neuropsychologie a été ouverte par A. R. Luria [1] mais à notre connaissance, son approche n'a pas été adoptée jusqu'à présent par ceux qui utilisent les concepts de lésion ou dysfonctionnement a minima.

Il serait grave de confondre « médiocrité d'une performance » et « trouble de la fonction sous-jacente ». Les indicateurs « d'organicité cérébrale » dans les tests psychologiques sont entachés d'une probabilité d'erreur non négligeable et ceci se comprend dans la mesure où les distributions des performances à l'un de ces tests dans une population de lésés cérébraux et dans une population-contrôle, même soigneusement appariée, se recouvrent très largement. Les preuves doivent être cherchées ailleurs et plus précisément dans l'examen neurologique.

Or, que constate-t-on dans le cas qui nous occupe ? Les signes spécifiques de la lésion cérébrale sont absents lors de l'examen neurologique classique, alors que lorsque le neurologue examine un enfant IMC dont les troubles moteurs sont très discrets au point d'échapper même à un regard non averti, qu'il présente ou non le syndrome hyperkinétique ou des troubles associés, ces signes sont toujours présents et dans de tels cas l'examen neurologique permet de plus de localiser la lésion : pyramidale, extra-pyramidale ou cérébelleuse par exemple.

Devant le caractère négatif de l'examen neurologique classique dans les cas présumés de lésion cérébrale a minima, d'aucuns se sont tournés vers ce que l'on a appelé les signes neuro-moteurs (soft neurological signs).

Ces signes sont entre autres :
— la présence des réflexes archaïques non inhibés,
— la non-acquisition de réactions globales de redressement, de protection, de défense,
— la présence de mouvements associés,
— des troubles du rythme,
— des troubles du tonus musculaire,
— une déficience de la fine dextérité, etc.

Ces signes sont beaucoup moins fidèles et stables que les signes classiques et la liste des plus significatifs diffère d'un auteur à l'autre, mais ils ont le mérite d'être rattachables directement à des mécanismes neurologiques, ce qui les différencie d'avec les « indicateurs d'organicité » des tests psychologiques.

Leur présence chez un enfant non-IMC permet de faire cette fois un diagnostic non critiquable sur le plan méthodologique : celui de dysfonctionnement neuro-moteur ou d'immaturité neuro-motrice (dans les cas où le sujet présente les signes caractéristiques d'un niveau de développement en retard pour son âge). Quant à l'expression « a minima », nous estimons qu'elle est ajoutée pour ses vertus édulcorantes, et non parce qu'elle correspond à une réalité neurologique vérifiée; dans les faits, on la réserve aux cas où les signes mineurs sont relativement peu nombreux — mais rien ne permet d'affirmer qu'il y a une relation entre la gravité du dysfonctionnement ou l'importance du retard et le nombre de signes; il est vraisemblable que ces derniers possèdent des capacités discriminatives variables et les travaux sur cette question manquent totalement.

En résumé, nous pouvons affirmer que le diagnostic de « lésion cérébrale a minima » doit être abandonné et que ceux d'immaturité et de dysfonctionnement neuro-moteur peuvent être utilisés dans la mesure où ils correspondent à des réalités. Mais quel est l'intérêt de tels diagnostics ? Contribuent-ils à améliorer notre connaissance des enfants ? à améliorer l'action éducatrice que nous voulons avoir à leur égard ? Débouchent-ils sur des propositions intéressantes en ce qui concerne le traitement de ceux qui ont de graves difficultés scolaires par exemple ?

Le problème est complexe et un certain nombre de constatations ne peuvent être passées sous silence.

— Dans un groupe d'enfants étiquetés « hyperkinétiques » sur la base de leur comportement, la moitié seulement présentent un ou plusieurs signes neurologiques mineurs et un tiers environ un EEG qualifié d'anormal [2].

— Dans une étude où l'on compare deux groupes bien appariés dont l'un est composé d'enfants qui éprouvent de sérieuses difficultés dans les apprentissages scolaires (DAS), on constate :

— Que dans le domaine cognitif (y compris celui des praxies, des gnosies, du langage), le groupe des enfants

DAS obtient en moyenne à tous les tests des résultats significativement moins bons. Toutefois pour tous les tests, le recouvrement des résultats des 2 groupes est important, c'est-à-dire que beaucoup d'enfants non-DAS obtiennent des résultats médiocres et inversement. Parmi les épreuves les plus discriminatives figurent des épreuves de syllabication qui mettent en évidence la facilité à déterminer l'équivalence entre des parties de mots présentées oralement et par écrit; parmi les moins discriminatives, les sous-tests de performance du WISC et le dessin du bonhomme [3].

— Du point de vue neuro-moteur, aucune différence significative n'a pu être mise en évidence : dans une approche, 50 enfants sur 99 dans le groupe DAS et 38 enfants sur 99 dans l'autre groupe présentent des signes neurologiques anormaux (χ^2 non significatif). Dans une autre, on note 475 signes suspects chez les non-DAS pour 528 chez les DAS. La différence est significative mais les chiffres qui viennent d'être fournis montrent la faible valeur discriminative de ce critère.

— Pour l'EEG, les différences entre groupes sont encore plus faibles, quelle que soit la variable que l'on prend en considération (ondes lentes, hyperventilation...).

— Dans une autre étude [4] parmi 142 enfants examinés avant le début de la scolarité, on a observé chez 41 d'entre eux des déficits importants de la perception visuelle, de la coordination visuo-motrice ou de l'une et de l'autre. Ces enfants ont été considérés comme un groupe à risque élevé et un groupe contrôle a été constitué parallèlement composé de 23 enfants choisis au hasard dans le reste du groupe total (le Q.I. moyen n'est pas significativement différent).

Après la 3e année d'école, les 2 groupes d'enfants ont été examinés à nouveau avec des tests de Q.I., des tests perceptifs et neurologiques et en fonction de leur efficacité en lecture. La supériorité du groupe contrôle est devenue nette en ce qui concerne le Q.I. et le reste pour toutes les mesures de la perception visuelle et de la coordination visuo-motrice — de même, les notes totales aux tests moteurs sont meilleurs en moyenne mais on n'observe pas de différences significatives pour des mesures partielles, ni d'EEG anormaux en moins grand nombre, ni des quotients de lecture significativement meilleurs.

D'autre part, si on compare les bons et les mauvais lecteurs, on constate qu'ils ne diffèrent en moyenne qu'au WISC verbal et nullement dans les tests de perception visuelle, de coordination neuro-motrice, de maturité neuro-motrice, etc.

Nous pourrions poursuivre l'énumération des informations fournies par l'abondante littérature qui est publiée pour le moment sans que nous arrivions pour autant à y voir plus clair. Par suite du manque de critères opérationnels qui définiraient les frontières de l'une ou l'autre des entités qui ont été créées, ou qui amèneraient une différenciation parmi les dénominations variées, chaque catégorie s'est étendue graduellement jusqu'à englober les enfants et les syndromes dans toutes les autres catégories, de telle sorte qu'il est actuellement impossible de déterminer comment le diagnostic de dysfonctionnement cérébral a minima diffère de celui d'hyperkinésie, de trouble de l'apprentissage, de handicap perceptivo-moteur ou de handicap instrumental. S'il ne s'agissait que d'une simple querelle de mots, la chose serait désagréable, mais il y a plus : selon que l'accent est mis sur l'une ou l'autre caractéristique d'un enfant-problème, celui-ci a des chances différentes de se voir inclus dans l'une ou l'autre des catégories énumérées ci-dessus et partant, d'être traité d'une manière plutôt que d'une autre.

Ainsi, si l'accent est mis sur l'agitation motrice, on évoquera le syndrome hyperkinétique ce qui exclut les enfants qui présentent des signes neurologiques mineurs et des troubles du comportement mais qui sont atteints d'inhibition motrice c'est-à-dire d'hypokinésie et non d'agitation motrice. (Ces enfants échappent d'ailleurs souvent à l'attention du médecin et du psychologue parce qu'ils sont beaucoup moins désagréables en classe et à la maison que les enfants hyperkinétiques.)

Le diagnostic d'hyperkinésie est fréquemment basé sur un profil qui inclut la distractibilité, la labilité émotionnelle, un empan d'attention très limité, de la maladresse, des performances insatisfaisantes en classe et non une quelconque évidence d'un déficit neurologique.

Si c'est ce diagnostic qui a été fait, l'enfant sera facilement traité par des médicaments ou alors envoyé en rééducation psychomotrice même s'il ne présente pas de signes neurologiques majeurs ou mineurs.

Si, par contre, c'est un diagnostic de troubles de la perception visuelle et/ou de la coordination visuo-motrice ou de l'organisation spatiale qui a été fait, on enverra plutôt l'enfant en rééducation instrumentale. Enfin, des enfants un peu anxieux ou particulièrement sensibles qui sont déprimés par leurs échecs scolaires ou par les réactions de leurs parents à ces échecs sont dans de nombreux cas tout simplement déférés au psychothérapeute qui prendra en charge le traitement de leurs troubles affectifs relationnels.

Devant cette confusion extrême, nous proposons une approche très différente, sans a priori et syncrétique.

Commençons par nous demander qui sont ces enfants auxquels, tour à tour ou simultanément, on attache toutes les étiquettes que nous venons de passer en revue.

Sans doute trouve-t-on parmi eux des enfants dont la naissance s'est déroulée dans des conditions traumatisantes sans qu'il y ait pour autant des séquelles nettes d'ordre neurologique; peut-être même peut-on incriminer certains facteurs héréditaires ou familiaux; plus certainement doit-on admettre que les conditions de la vie actuelle fixent et amplifient les mini-troubles chez un grand nombre d'enfants qui autrefois pouvaient passer inaperçus et s'intégrer sans mal dans la vie sociale.

Aujourd'hui, les enfants doivent vivre comme tout le monde, à un rythme trop rapide; se « dépêcher » pour se lever, s'habiller, manger, se déplacer, faire leurs devoirs, même pour se distraire. La rue est dangereuse; il n'est plus question d'y jouer librement au ballon ou de rouler à bicyclette. Les trajets entre la maison et l'école se font de plus en plus en voiture et ainsi disparaît ce moment délicieux où on peut rentrer chez soi en flânant, avec des copains. Les logements sont tels qu'il est exclu que l'enfant puisse s'y ébattre, faire du bruit, grimper, courir, sauter, se battre. Voici pour le décor, décrivons maintenant les acteurs de cette pièce qui tourne souvent au drame.

Extérieurement, il s'agit d'enfants remuants, dispersés, touche-à-tout, mal accueillis par les autres parce qu'ils n'apprennent que difficilement les jeux favoris de leur âge : ballon, bicyclette, saut à la corde, patin à roulettes, parce que l'équipe de football perd des parties par leur faute et parce qu'ils font souvent mal sans le vouloir.

Ou bien il s'agit d'enfants lents, mous, peureux, qui répètent « je ne sais pas » et qui recherchent les jeux d'intérieur, calmes, tranquilles. Ils ne se lient que difficilement avec les autres dont ils ont peur et dont ils peuvent d'ailleurs devenir le souffre-douleur.

En classe, ces enfants recueillent le plus souvent des notes médiocres et on dit facilement d'eux qu'ils sont paresseux, ou distraits, voire méchants.

Ils se signalent plus spécialement par leurs difficultés graphiques; la position défectueuse de la main et du corps, la crispation, certaines incoordinations débouchent inévitablement sur des travaux sales et inachevés.

Il se peut même que dans de tels cas, des réactions psychologiques apparaissent : boulimie, mutisme ou bavardage intempestif, asthme, faux croup, constipation tenace, crises d'acétone...

Enfin, les parents qui s'adressent à un centre psychomédico-social ou à une consultation pour enfants nerveux apprennent en général que le Q.I. de leur enfant est normal, que certains troubles instrumentaux sont décelés, que la structuration spatiale ou temporelle laisse à désirer, que le schéma corporel est imparfaitement acquis, que le rythme est mauvais, que le graphisme est maladroit.

Eventuellement, l'EEG présente certains signes d'immaturité mais pour le reste, l'examen neurologique classique est négatif. L'examen de l'affectivité révèle certains signes d'anxiété, d'hyper-émotivité, une relation plus ou moins troublée avec les parents, la peur des autres, un fort besoin d'affection et celui d'éviter l'échec.

Que pouvons-nous faire pour ces enfants ?

Avant tout c'est l'enfant tout entier qui doit être pris en considération, tel qu'il est dans la vie de tous les jours, avec ses parents, sa famille, son école, avec sa personnalité en formation, ses anxiétés, ses goûts, ses besoins, ses capacités cognitives de qualité inégale, sa motricité éventuellement perturbée, etc.

L'enfant doit apprendre à vivre avec ses difficultés de tous ordres et apprendre à les neutraliser car nous ne pensons pas que les handicaps instrumentaux « guérissent » ni les troubles neuro-moteurs, du moins après l'âge de 6-7 ans. Cet objectif ne pourra être atteint si l'on continue comme on le fait actuellement à mettre en place des interventions curatives individuelles ou collectives abordant le problème d'une manière ponctuelle et fragmentaire. C'est pour cette raison que nous rejetons en bloc toutes les « méthodes » de rééducation, qu'elles soient appelées psychomotrice, neuro-motrice ou instrumentale...; de même que nous ne sommes pas partisans du regroupement d'élèves sur base de l'un ou l'autre handicap dans des classes spécialisées. (Classe pour dyslexiques par exemple.) La plupart des enfants qui ont des difficultés peuvent être simplement tirés d'affaire par un enseignant bien informé, orienté vers l'enfant, assuré dans ses méthodes, pas trop exigeant en ce qui concerne le rendement et la propreté des travaux mais, en même temps, ferme et clair dans ses demandes.

En ce qui concerne les vrais enfants-problèmes, c'est-à-dire ceux qui présentent soit une évolution neuro-motrice franchement perturbée, ou ceux qui obtiennent à plusieurs épreuves instrumentales ou de langage des notes particulièrement basses, ils doivent être aidés, faute de quoi des réactions psychologiques secondaires s'installeront, aboutissant à des situations particulièrement déplorables et difficiles à traiter; en effet, ces enfants arrivent très vite à développer un comportement qui laisse fort à désirer et leur avenir scolaire peut être sérieusement compromis, de même que leur équilibre affectif personnel et leur intégration sociale.

Cette aide doit être conçue comme temporaire et ne pas s'attaquer aux symptômes mais aux sources même des difficultés, des inadaptations observées. D'aucuns croient situer cette source dans les altérations du processus du développement neuro-moteur et nous considérons qu'il s'agit-là d'une hypothèse séduisante qui mérite d'être investiguée très sérieusement [5]. Mais, quoi qu'il en soit, il importe que l'équipe (car il s'agit nécessairement d'une équipe comprenant : psychologue, kinésiste, éventuellement logopède) ait la volonté de se placer dans une perspective développementale aussi bien au niveau des interventions que de la progression dans le traitement.

L'enfant sera remis sur la bonne voie, non pas de force, à partir de ce qu'il est devenu à 4 ou 6 ou 8 ans, mais à partir du moment où les choses ont commencé à mal tourner. En quelque sorte, le traitement consistera à remonter dans le temps et à parcourir dans de meilleures conditions le chemin vers la maîtrise du corps et partant du milieu environnant.

REFERENCES CITEES

[1] A. R. LURIA, *Higher cortical functions in man*, Tavistock éd., London, 1966.
[2] J. H. SATTERFIELD, *EEG Issues in Children with Minimal Brain Dysfunction.*
[3] H. R. MYKLEBUST, *Identification and diagnosis of children with learning disabilities : an interdisciplinary Study of Criteria.* [2] et [3] dans *Minimal cerebral dysfunction in Children*, édité par S. Walzer et P. H. Wolff, Grune et Stratton, 1973.
[4] M. E. ROBINSON et L. B. SCHWARTZ, *Visuo-motor Skills and reading Ability : A longitudinal Study* (Develop. Med. Child Neurol., 1973, 15).
[5] L. DE LAET, *La motricité de l'enfant-problème*, éd. Malaine et Prodim, 1974.

TABLE DES MATIERES

PSYCHOLOGIE ET SCIENCES HUMAINES

collection publiée sous la direction de MARC RICHELLE